# 孟森之清初三大疑案考實

從史料中還原歷史背後隱藏的真相

孟森 著

揭開清朝初期的歷史謎團

婚姻、出家與皇位

穿越時空，揭開來自過去的祕密

皇宮深處的三個未解之謎

重新審視權力與人性

# 目錄

# 太后下嫁考實

清世雖不敢言朝廷諱言之事，然謂清世祖之太后下嫁攝政王，則無南北，無老幼，無男婦，凡愛述故老傳說者，無不能言之。求其明文則無有也。清末禁書漸流行，有張煌言《蒼水詩集》出版，中有句云：「春官昨進新儀注，大禮躬逢太后婚。」此則言之鑿鑿矣。然遠道之傳聞，鄰敵之口語，未敢據此孤證為論定也。改革以後，教育部首先發舊禮部所積歷科殿試策，於抬寫皇上處，加抬寫攝政王，而攝政王之上，或冠以「皇叔父」字，或冠以「皇父」字，亦不一律，一時轟然，以為「皇父」之稱，必是妻世祖之母，而後尊之為父也。然當時既不一律稱為皇父，則視之與皇叔父等。初入關，攝政王只稱「叔父攝政王」。後以趙開心言，叔父乃家屬所稱，若臣民共稱，當作「皇叔父」。詔從之。嗣稱「皇父」，先發見者為殿試策，後大庫紅本皆出人間。順治四年以後，內外奏疏中亦多稱「皇父」。父之為稱，古有「尚父」、「仲父」，皆君之所以尊臣，仍不能指為太后下嫁之確據。

若以「皇父」之稱為下嫁之一證，則既令天下易尊稱，必非有所顧忌不欲人知之事。誠應如蒼水詩，春官進大禮儀注，甚且有覃恩肆赦，以誌慶幸，使皇帝由無父而有父，豈不更較大婚及誕生皇子等慶典為鄭重乎？故必覓得當時公平之記載，不參謗毀之成見者，乃可為據。蒼水自必有成見。且詩之為物，尤可以興致揮灑，不負傳信之責，與吾輩今日之考訂清史不同。今日若不得確據，雖別有私家記述，言與蒼水合，猶當辨其有無謗書性質，而後定其去取。況並無一字可據，僅憑口耳相傳，直至改革以後，隨排滿之思潮以俱出者，豈可闌入補史之文耶？

蔣氏《東華錄》所據之舊實錄，所載攝政王事實，為王錄所無者極多。「皇父」之來歷，蔣錄有之。清主中原，用郊祀大禮，以效漢法，乃始於順治五年。此兩實錄所錄同也。是年冬至郊天，奉太祖配，追崇四廟加尊號，覃恩大赦，即加「皇叔攝政王」為「皇父攝政王」。凡進呈本章旨意，俱書「皇父攝政王」，蓋為覃恩事項之首，由報功而來，非由瀆倫而來，實符古人尚父、仲父之意。張蒼水身在敵國，想因此傳聞，兼挾仇意，乃作太后大婚之詩。所起人疑者，尤在清世屢改實錄。王氏《東華錄》於順治五年冬至郊天恩詔則云：叔父攝政王治安天下，有大勳勞，宜增加殊禮，以崇功德。及妃世子應得封號，部院諸大臣集議具奏。以下不載議奏結果。蓋王錄詳其改稱之前，蔣錄但舉其改稱之事，其實一事，而王錄則諱言「皇父」屬實，想系後改實錄如此。王錄所諱，不但「皇父」之稱，凡攝政王之所享隆禮，皆為所削。如初薨之日，尊為「懋德修道廣業定功安民立政誠敬義皇帝」，廟號「成宗」。八年正月，以追尊攝政睿親王為成宗義皇帝，妃為義皇后，祔太廟。禮成，覃恩赦天下並載詔文。凡此皆為王錄所無。則知後改實錄，乃本其追奪以後之所存者存之，亦非專為皇父字而諱也。又蔣錄於議攝政王罪狀之文，有王錄所無之語云：自稱「皇父攝政王」，又親到皇宮內院。又云：凡批票本章，概用「皇父攝政王」之旨，不用皇上之旨，又悖理入生母於太廟。其末又云：罷追封，撤廟享，停其恩赦。此為後實錄削除隆禮不見字樣之一貫方法。但「親到皇宮內院」一句最可疑。然雖可疑，只可疑其曾瀆亂宮廷，決非如世傳之太后大婚，且有大婚典禮之文布告天下等說也。夫瀆亂之事，何必即為太后事？雖有可疑，亦未便泰甚其惡。

全國口傳，唯曰太后下嫁，而文人學士則又多所牽涉，謂太后大婚典禮，當時由禮部撰定，禮部尚書為錢謙益，上表領銜，故高宗見而恨之，深斥謙益。至沈德潛選謙益詩冠《別裁集》之首，亦遭毀禁，而德潛以此得罪於身後。此說也，仍由蒼水詩中春官進儀注而來，聯想至錢謙益以實之。今考錢謙益之為禮部尚書，乃明弘光朝事。清初部院長官不用漢人，至順治五年七月，乃設部院長官漢缺，其領銜尚不得由漢尚書。《世祖紀》五年秋七月丁丑，初設六部漢尚書都察院左都御史，以陳名夏、謝啟光、李若琳、劉餘祜、黨崇雅、金之俊為六部尚書，徐起元為左都御史。而謙益之入清受官，據《貳臣傳》，順治二年五月，豫親王多鐸定江南，謙益迎降，尋至京候用。三年正月，命以禮部侍郎管祕書院事，充修《明史》副總裁。六月，以疾乞假，得旨，馳驛回籍，令巡撫、巡按視其疾痊具奏。謙益之入朝僅此。

《東華錄》順治三年正月甲戌，以故明禮部尚書錢謙益仍以原官管祕書院學士事；禮部尚書王鐸仍以原官管宏文院學士事。此文與《貳臣傳》不合。今北京大學有《世祖實錄》底本，則曰順治三年二月初五日壬午，禮部尚書王鐸、禮部右侍郎錢謙益，隨豫王赴京，除授今職，各上表謝恩，則又與《東華錄》合。不知《東華錄》所據之實錄本何以兩歧。然即使《東華錄》為可信，其以某官管某職，原無此官而但有其職，榮以虛銜而已。在三年固未有漢禮部尚書，至五年有是官時，謙益去國久矣。

因《東華錄》與舊實錄及《貳臣傳》，載錢謙益入清之官不符，再考之貳臣《王鐸傳》：明崇禎十七年三月，擢禮部尚書，未赴，流賊李自成陷京師，明福王朱由崧立於江寧，鐸與詹事姜日廣並授東閣大學士，道遠未至。大學士馬士英入輔政，出史可法督師揚州，嗾其黨朱統𨨗劾日廣去之。鐸至，遂為次輔……本朝順治二年五月，豫親王多鐸克揚州，將渡江，明福王走蕪湖，留鐸守江寧，同禮部尚書錢謙益等文武數百員出城迎豫親王，奉表投降，尋至京候用。三年正月，命以禮部尚書管宏文院學士，充《明史》副總裁。六月，賜朝服。四年，充殿試讀卷官。六年正月，授禮部左侍郎，充《太宗文皇帝實錄》副總裁。十月，遇恩詔，加太子太保。八年，晉少保……九年三月，授鐸禮部尚書，而鐸先以二月間祭告西嶽江瀆事竣，乞假歸里，卒於家。事聞，贈太保，賜祭葬如例，諡「文安」。夫鐸之入清，其原官為東閣大學士，非禮部尚書矣。如日原官與謙益同為禮部尚書，此與事實不合。鐸以次輔入清，而用禮部尚書管學士，已降其官，謙益以禮部尚書入清，自應亦降一官而得侍郎為銜名。此可證《東華錄》之未合者也。謙益未久留而去，後無歷官可驗。鐸則名為禮部尚書，閱三年乃實授侍郎；再閱三年餘，共歷六年餘，而始真授禮部尚書。則初到時之受官，可見絕非實官。況尚書漢缺未設，謙益能以禮部領銜奏事，其為虛誣，不待辨矣。謙益詩文多觸忌諱，乾隆時方大興文字之獄，禁毀何足為怪？順治初年之禮部尚書為郎球，太宗時謂之禮部承政，入關後改名，由元年直任至十年五月乃免，具有院部大臣年表，與謙益無涉。

世祖時之尊為皇太后者有二後：太宗元后孝端，太宗莊妃以生世祖而尊為後日孝莊。孝端崩於順治六年，年五十一，攝政王薨於順治七年，年三十九。孝莊后崩於康熙二十六年，年七十五。計其年，孝端長於攝政王十三歲。順治五年間，攝政王稱「皇父」時，孝端已五十歲矣。孝莊則少於攝政王者兩歲。以可以下嫁論，當屬孝莊。孝莊崩後，不合葬昭陵，別營陵於關內，不得葬奉天，是為昭西陵。世以此指為因下嫁之故，不自安於太宗陵地，乃別葬也。《孝莊后傳》：后自於大漸之日，命聖祖以太宗奉安久，不可為我輕動。況心戀汝父子，當於孝陵近地安厝。此說姑繙作為官文書藻飾之辭，不足恃以折服橫議。但太宗昭陵，已有孝端合葬；第二後之不合葬者，累代有之。世祖元后廢，不必言；繼后亦不合葬。先合葬者乃董鄂氏端敬后，後合葬者乃聖祖生母由妃尊為后之孝康后。繼后孝惠後別葬，謂之孝東陵。世宗亦唯一后合葬。高宗生母尊為孝聖后者，崩於乾隆四十二年，高宗亦不為合葬，別起泰東陵。仁宗第二后孝和后，又別起昌西陵，不合葬。宣宗則第四后孝靜后，別起慕東陵。文宗則第一后未即位以前崩之孝德后合葬。第二后孝貞后，即同治初垂簾之慈安太后，則別起定東陵；穆宗生母由貴妃尊為后之孝欽后，又並葬定東陵，皆不合葬。凡此皆以意擇定，何獨強孝莊不能以遺言自指葬所？此昭西陵雖清代無他例可授，亦不能定為下嫁之證。況列帝之后皆有此例乎？

由是則太后下嫁之證無有，而舊時所以附會其下嫁者，皆可得其不實之反證。以此欲作一考以辨其訛，然卒未有不下嫁之堅證。遲之又久，乃始得讀《朝鮮李朝實錄》。私念清初果以太后下嫁之故，遵攝政王為「皇父」，必有頒詔告諭之文。在國內或為後世列帝所隱滅，朝鮮乃屬國，朝貢慶賀之使，歲必數來，頒詔之使，終朝亦無一次不與國內降敕時同遣。不得於中國官書者，必得於彼之實錄中。著意繙檢，設使無此詔，當可信為無此事。既遍檢順治初年《李朝實錄》，固無清太后下嫁之詔，而更有確證其無此事者。急錄之以為定斷，世間浮言可息矣。

《朝鮮仁祖李倧實錄》：二十七年己丑，即清世祖順治六年，二月壬寅，上曰：「清國咨文中，有『皇父攝政王』之語，此何舉措？」金自點曰：「臣問於來使，則答曰：今則去叔字。朝賀之事，與皇帝一體云。」鄭太和曰：「敕中雖無此語，似是已為太上矣。」上曰：「然則二帝矣。」以此知朝鮮並無太后下嫁之說。使臣向朝鮮說明「皇父」字義，亦無太后下嫁之言。是當時無是事也。當時無之而二百數十年尚傳其說，此有數故。清初人民皆不屬夷族入主，先有視為無禮教之成見，會攝政王逼肅親王豪格死於獄而取其福晉，此為當時議攝政王罪狀，所明載奏疏及諭旨者，自是事實。肅親王為太宗長子，世祖親兄，此而可以無禮，則去無禮於太后者幾希。天下譁傳，明遺老由此而入詩，國人轉輾而據以騰謗。後人好奇，平正之論或久而不談，新奇神祕不敢公然稱道者，反傳述之不已，無從辨正。有加辨者，亦以為媢茲一人，不足息好奇之念。今以異代訂定史事虛實，則不能不有考實之文耳。

# 附錄一　胡適之君來書

心史先生：

〈太后下嫁考實〉大稿送還，承賜先讀為快，感謝感謝。今早別後車中讀此文，至佩先生不輕置信之精神。唯讀後終不免一個感想，即是終未能完全解釋「皇父」之稱之理由。《朝鮮實錄》所記，但云「臣問於來使」，來使當然不能不作模稜之語，所云「今則去叔字」，似亦是所答非所問。單憑此一條問答，似仍未能完全證明無下嫁之事，只能證明在詔敕官與使節辭令中無太后下嫁之文而已。鄙意決非輕信傳說，終嫌「皇父」之稱似不能視為與「尚父、仲父」一例。下嫁之傳說已無證據可憑，而「皇父」之稱自是史實。後之史家於此事只能說據殿試策與紅本及《朝鮮實錄》，攝政王確改稱「皇父」，而民間有太后下嫁之傳說，但無從證實了。鄙見如此，乞先生恕其妄說。

胡適敬上

廿三，六，廿六

# 附錄二　答胡適之君書

適之先生：

朝鮮之問皇父來由，實錄載在順治六年二月壬寅。金自點所答「曾問使臣」，其問使臣必非當日之事，或在其前有若干時日矣。今姑作為問在是年是日，則壬寅乃十三日，當是時攝政王方全掌國事，如以太后嫁彼為倫理上之汙點而諱之，則必不以皇父之稱詔示天下。至勢力名分之不應褻瀆太后，當時本非攝政王所慮也。既以皇父之稱詔天下，如果因得婚太后之故以自尊異，則必以太后下嫁明告天下，而後知有其實故據其名。因其公然稱皇父，必不諱太后下嫁。唯其無下嫁之事，則坦然稱皇父以仲父、尚父自居，則亦無嫌，故有皇父之稱。即事實只有兩途：一則太后實行下嫁，一則非但不下嫁，並無不可告人之曖昧情事。若云下敕，而在中國則後來諱之，朝鮮或實錄失載，但其君臣有此討論，則敕書可決其無有。使臣知為國諱，必有攝政王死後，朝局將翻之日。攝政王之死在七年十二月初九日戊子，其時世祖之舉哀行禮固未嘗不用帝崩之儀注也。是月二十五日甲辰，尊故攝政王為「懋德修道廣業定功安民立政誠敬義皇帝」，廟號「成宗」。八年正月十九日丁卯，成宗義皇帝祔太廟。二月十五日癸巳，蘇克薩哈、詹岱、穆濟倫首告故攝政王多爾袞逆節。二十一日己亥，暴多爾袞罪於中外，削其尊號及母妻追封，撤廟享。故朝事之反覆，始於八年二月十五，即云攝政死而朝局必翻，使臣有先見，亦當諱於七年十二月初九以後。若在兩年以前，國有大慶，太后大婚，使臣方負宣揚之責。若以為可諱，即清廷何必用公文稱皇父？夫以國無明文之曖昧，吾輩今日固無從曲為辯證。但中冓之言本所不道，辨者為多事，傳者亦太不闕疑。此為別一事，不入鄙作考實之內。唯因攝政王既未婚於太后，設有曖昧，必不稱皇父以自暴其惡。故知公然稱皇父，既未下嫁，即亦並無曖昧也。復請再鑑，並示當否。

弟森拜上

廿八

# 世祖出家事考實

清世祖好佛，延高僧入禁中，尊禮甚至。時有木陳、玉林二禪師，皆世祖所敬事。而玉林尤為本師，為取法名曰行痴。「行」字在龍池祖法派中，為「通」字之下一輩，玉公名通琇，其弟子皆「行」字排也。木陳較有世間法習氣，世宗時深斥之，而獨尊玉林。責木陳所著《北遊集》乖謬，飭部行文各省查毀。然木陳歸天童，諸御書已摹刻上石，作奎煥樓貯之。天童寺在明州萬山中，當時無追跡者，故石刻至今尚存。二十年庚午，余遊浙東西諸山，讀奎煥樓壁嵌世祖與木陳敕及手札，並書唐詩軸。世祖書法蒼勁，非康、雍、乾累朝可比。鈐章有「塵隱道人」，有「懶翁」，有「痴道人」等各文字，札稱「木陳師兄」。有一軸書《梵網經》及《蓮池解》，說明僧人不拜人君之旨。余《明州雜詩》中有一首云：「禪榻安眠奎煥樓，樂師龕後敕書留。道人塵隱翁貪懶，萬乘蕭然第一流。」記此事也。

《玉林國師年譜》：順治十六年己亥，譜有云：「世祖請師起名。師辭讓。固謂師曰：『要用醜些的字眼。』師書十餘進覽。世祖自擇『痴』字，上則用龍池祖法派中『行』字。後凡請師說戒等御札，悉稱弟子某某，即璽章亦有『痴道人』之稱。然師珍重世祖之深信，未嘗形之口吻楮墨。凡師弟子，俱以法兄師兄為稱。至四月八日，佛誕道場圓滿，師即辭歸葬親。上諭允所請。四月十三日，欽差內十三道張嘉謨近侍李國柱齎敕至萬善殿，賜黃衣銀印，師號大覺禪師，並賜帑金營葬，仍遣司吏院官張公嘉謨送歸。師自前三月十五日面聖，留供西苑萬善殿者兩閱月，常不卸帽，不脫伽黎，上傳師真，留供大內，恩蒙顧問者非一一。然上如不問，則不敢強對。語不及古今政治得失，人物臧否，唯以第一義諦啟沃聖心，蓋不敢孤徵召僧伽之明詔也。」

世宗之斥木陳也，舉其《北遊集》所載。如述世祖諭旨云：「願老和尚勿以天子視朕，當如門弟子旅庵相待。」以為誕妄之至。又如云：「上龍性難攖，不時鞭樸左右。偶因問答間，師啟曰：『參禪學道人，不可任情喜怒，故曰一念嗔心起，百萬障門開者此也。』上點首曰：『知道了。』後近侍國柱語師云，『如今萬歲爺不但不打人，即罵亦希逢矣』。」又「萬歲爺極贊老和尚胸懷平坦，亦最慈和樂易」云云。謂此乃必無之事，明系憑空結撰者。木陳漏洩世祖言動較多，故為世宗所嫉。但世祖敬禮二僧，亦為世宗所承認。《北遊集》中語，未敢謂其必無。世宗又舉《北遊集》有譏玉林語，謂其不知分量。而《玉林年譜》亦言木陳非議其世祖所傳之真，為不脫帽之像，有違僧律，玉林有駁正語甚詳。然則二僧相輕，固自數見。今姑不論二僧之公案，要於世祖之入禪宗，禮本師，受法名，序輩行，雖不下堂階，早與同泰捨身比烈。若不以攻乎異端為惡德，則於其樂道忘勢，服善改過，反引為恥，乃世宗之偏心，非世祖所任受也。故木陳所記，吾以為無可反唇也。

然則謂世祖出家，正足道世祖之志。而世之所傳，則又加以神祕，謂在位十八年，棄天下如敝屣，遁入五臺為僧。其文字之證，則取之吳梅村〈清涼山贊佛詩〉。其事實之證，則謂聖祖奉太后屢幸五臺，必有所為。又光緒庚子，兩宮西狩，道經晉北，供御器具，地方無從措備，借自五臺，宛然內廷法物，益堅信此中必為王者所居。並由梅村詩多言帝王內寵事，而世祖升遐之前數月，適為端敬皇后董鄂氏之喪，世祖哀悼過情，為世所嘆異，因謂由悼亡而厭世，脫離塵網，迴向空門，成萬古鍾情天子之佳話。以故傳說益多，不可向邇。今先將世祖崩於宮中之明證，一一搜出，再以國史箋釋梅村詩，不但瞭然於世祖出家之真偽，並將順治末年宮中之恩怨，主德之汙隆，為談清宮情史者參一解焉。

《玉林國師年譜》：「順治十八年正月初三，中使馬公二次奉旨至萬善殿云：『聖躬少安。』師集眾展禮御賜金字《楞嚴經》，繞持大士名一千，為上保全。初四，李近侍言：『聖躬不安之甚。』初七亥刻駕崩。初八日，皇太后慈旨，請師率眾即刻入宮，大行皇帝前說法。初九寅刻，新天子登位矣。二月初二，奉旨到景山，為世祖安位，初六重掃笑祖塔，欲南還，禮辭祖翁耳。二月十五日，得旨南還。欽差內十三道惜薪司尚公護送，並賜千金到西苑。師力辭。復送到。至第三次，尚公曰：『和尚己亥出京，曾受大行皇帝千金，此番不受，恐持國大人致疑。』師曰：『己亥之賜，實是太皇太后賜臣僧葬母者，今日之賜，雖感朝廷厚恩，受之實無名也。煩為實奏，決決不受者。』尚公覆命。持國大人曰：『我等素知此老和尚不愛財的，不必強矣。』（師自入京，鉅細儀禮，例皆不受。）師乘御馬，至景山大行皇帝前，繞持楞嚴諸品神咒，問訊而出。即晚到張家灣。」據此節，記世祖之因勢而崩，崩於正月初七，至二月初二，移殯景山，歷歷可考。其時所謂內十三道，盡仿明代宦官十三衙門之制，遺詔中引為失德而罷之。清之懲奄禍，在康熙即位之後，事別詳下。

《玉林年譜》就世祖信佛之近證，先為舉出，同時士夫之記載最可據者，莫如王文靖公熙所述。文靖為親受世祖末命之漢大臣，世祖遺詔出其手，此見之清初各家文集所撰王文靖公傳狀碑誌。而各家皆言公於此事，面奉憑幾之言，終身不以語人，雖子弟莫得而傳，若韓菼之為狀，張玉書之為志，皆如是云云。檢國史舊傳，則略其事不著。大以為可疑，意其中必有諱言之故，則又假定為行遁五臺，或有其事矣。既而購得《王文靖集》，中並有自撰年譜一首，載世祖病症及晏駕之事極明。韓、張之說，蓋謂遺詔中世祖自責各款，乃皇太后及受遺之王大臣有所增改，文靖為原述旨之人，增改之後，仍以末命行之，文靖終身不洩宜也。年譜此段文如下：

「辛丑三十四歲元旦，因不行慶賀禮，黎明入內，恭請聖安，召入養心殿，賜坐，賜茶而退。翌日，入內請安，晚始出。初三日，召入養心殿，上坐御榻，命至榻前講論移時。是日，奉天語面諭者關係重大，並前此屢有面奏，及奉諭詢問密封奏摺，俱不敢載。唯自念身繫漢官，一介庸愚，荷蒙高厚，任以腹心，雖舉家生生世世，竭盡犬馬，何以仰答萬一，豈敢顧惜自家，不力持正論，以抒誠悃也。吾子吾孫，其世世銘心鏤骨，以圖報效也。初六日，三鼓，奉召入養心殿，諭：『朕患痘勢將不起，爾可詳聽朕言，速撰詔書，即就榻前書寫。』恭聆天語，五內崩摧，淚不能止，奏對不成語。蒙諭：『朕平日待爾如何優渥，訓爾如何詳切，今事已至此，皆有定數。君臣遇合，緣盡則離，爾不必如此悲痛。此何時，尚可遷延從事，致誤大事？』隨勉強拭淚吞聲，就御榻前書就詔書首段。隨奏明恐過勞聖體，容臣奉過面諭，詳細擬就進呈。遂出至乾清門下西園屏內撰擬，凡三次進覽，三蒙欽定，日入時始完。至夜，聖駕殯天，泣血哀慟。初八日，同內閣擬上世祖章皇帝尊謚，又同內閣擬今上皇帝即位年號，又為輔政大臣撰誓文。」

如上所言，順治十八年正月初三日，即玉公所謂是日聖躬少安者，蓋其前已甚不安也。文靖於是日奉諭，關係重大，俱不敢載，則必有遺詔中事項發生，或為與詔相符，或為下詔時所已改，其自言不敢載，而諸家所誦言其縝密者，蓋在此一日內事。元旦即不行慶賀，黎明入內問安，可知不豫在上年之杪。而《東華錄》書上不豫在正月壬子，即初二日，其前未以為當宣布不豫之消息也。初六日諭，有患痘勢將不起之言，則病症亦明矣。康熙朝《東華錄》之首云：「順治十八年辛丑春正月辛亥朔，越七日丁巳夜子刻，世祖章皇帝殯天。先五日壬子，世祖不豫。丙辰，遂大漸。召原任學士麻勒吉、學士王熙至養心殿，降旨一一自責，定皇上御名，命立為皇太子，並諭以輔政大臣索尼、蘇克薩哈、遏必隆、鰲拜姓名，令草遺詔，麻勒吉、王熙遵旨於乾清門撰擬，付侍衛賈卜嘉進奏。諭曰：『詔書著麻勒吉懷收。俟朕更衣畢，麻勒吉、賈卜嘉，爾二人捧詔奏知皇太后。宣示王、貝勒、大臣。』於是，世祖崩。麻勒吉、賈卜嘉捧遺詔奏知皇太后，即宣示諸王、貝勒、貝子、公、大臣、侍衛等。宣訖，諸王、貝勒、貝子、公、大臣、侍衛等皆痛哭失聲。」此一段是世祖崩日之宣布遺詔。下云：「戊午，頒大行皇帝遺詔。」則布告天下之遺詔矣。夫云奏知皇太后而後宣示，又云即宣示諸王、貝勒、貝子、公、大臣、侍衛等，其間必有太后及諸王斟酌改定之情事。就遺詔全文觀之，未必世祖能徹底悔悟至此，而既有此遺詔，則清祚之所以靈長，太后諸王之所以能為宗社計也。俟後再詳之。茲更言世祖崩御之證，則當時更有京曹中文學著名者之記載在。

民國二十年四月，上海《人文雜誌》載雜記一篇，云係金山錢氏守山閣錢熙祚之後人名燦若者所助贈，而不得其主名。余閱其中有云：「端敬皇后喪，中堂命餘輩撰御祭文。山陰學士曰：『吾輩凡再呈稿矣，再不允，須盡才情，極哀悼之致。』予具稿，中堂極嘆賞。末聯有『渺茲五夜之箴，永巷之聞何日？去我十臣之佐，邑姜之後誰人？』等語。上閱之，亦為墮淚」云云。因舉嘉慶《上海縣誌．張宸傳》示人文社，乃於次期雜誌中補載撰雜記者之名為張宸焉。宸字青琱。向讀魏源《聖武記》，於《康熙親征準噶爾記》後附錄〈內大臣馬思哈出師塞北紀程〉，云見上海張宸《青琱集》，所記乃康熙二十九年之事。既而讀汪琬《堯峰文鈔》，則有〈張青琱詩集序〉，中言青琱「官不越郎署，年不及耄期，最後遂轗軻困頓以歿」。又云：「異時天子右文。詔舉博學鴻儒。」而青琱之歿已久。「於是其女夫金生名定者，排纂遺稿若干卷，乞予序之。」然則宸之歿，在康熙十七年詔舉鴻博以前。鈍翁亦卒於康熙二十九年，所序《青琱集》，決不能尚有二十九年甫入集之文，默深所記，或有誤也。唯《上海縣誌》宸傳，則可證雜記之出於宸筆。於世祖崩問極詳實。先錄本傳以證其人：「張宸，字青琱，博學工詩文，由諸生入太學，選中書舍人。時詞臣擬撰端敬後祭文，三奏草未稱旨，最後以屬宸。有云：『渺茲五夜之箴，永巷之聞何日?去我十臣之佐，邑姜之後誰人?』章皇帝讀之，泫然稱善。尋遷兵部督捕主事。康熙六年，以求直言上疏請撤本邑客兵二千四百人，並巡海章京，以蘇民困。報可。邑用安堵。旋罷歸病卒。有《蘆浦莊詩》、《北征使奧草》。弟宿，字月鹿，著《田間草堂詩》。」宸之名定，其所記乃可據。記云：

「辛丑年正月，世祖皇帝殯天。予守制禁中，凡二十七日。先是正月初二日，上幸憫忠寺，觀內璫吳良輔祝髮。初四日，九卿大臣問安，始知上不豫。初五日，又問安。見宮殿各門所懸門神對聯盡去。一中貴向各大臣耳語，甚愴惶。初七晚，釋刑獄，諸囚獄一空，止馬逢知、張縉彥二人不釋。傳諭民間毋炒豆，毋燃燈，毋潑水，始知上疾為出痘。初八日，各衙門開印。予黎明盥漱畢，具朝服將入署，長班遽止之曰：『門啟復閉，止傳中堂暨禮部三堂入，入即摘帽纓，百官今散矣。』予錯愕久之。蓋本朝制度，有大喪則去纓，詎上春秋富，有此變也？早膳後出門問訊，則人復訊予，無確音。時外城門俱閉，列卒戒嚴，九衢寂寂，惶駭甚。日晡時，召百官攜朝服入，入即令赴戶部領帛。領訖，至太和殿西閣門，遇同官魏思齊，訊主器，曰：『吾君之子也。』心乃安。二鼓餘，宣遺詔，悽風颯颯，雲陰欲凍，氣極幽慘，不自知其嗚咽失聲矣。宣已，誡百官毋退，候登極。群臣唯余輩及科臣就署宿，餘俱午門外露坐。是夜，彗星見中天，芒東北指。早，風日晴和，上升殿畢，宣哀詔於天安門外金水橋下。群臣有飢色，各退就本衙門守制。蚤暮哭臨九日，在喪二十七日，毋得歸私第。閱三日，輔臣率文武百官設誓。旗下每旗一誓詞，各官每衙門一誓詞。詞正副三通，一宣讀，焚大行殯宮前，一赴正大光明殿焚讀上帝前，一藏禁中。詞曰：『臣等奉大行皇帝遺詔，務必力一心，以輔沖主。自今以後，毋結黨，毋徇私，毋黷貨，毋陰排異己以戕善類，毋偏執己見以妨大公。違斯誓者，上天降殛，奪算凶誅。』語小有不同，然大意如此。予是時始得入乾清門，仰觀內殿，蓋哭臨在宮內外，唯一二品大臣上殿哭，餘俱不能也。殿上張素幃，即殯宮所在。兩廡俱白布簾，壺闈肅穆，非外廷可比。宮門外大廠二，東釋西道，豎旛竿，晝夜禮經懺。大光明殿在宮城太液池西，圓殿，白石甃，甃瓦金頂，干宵耀日，光奕奕動。十四日，焚大行所御冠袍器用珍玩於宮門外。時百官哭臨未散，遙聞宮中哭聲，沸天而出。仰見皇太后黑素袍，御乾清門臺基上，南面，扶石欄立，哭極哀。諸宮娥數輩，俱白帕首白衣從哭，百官亦跪哭。所焚諸寶器，火焰俱五色，有聲如爆豆。人言每焚一珠，即有一聲，蓋不知數萬聲矣，謂之小丟紙。自初八至十六日，哭臨畢。二十日，始票本發所繕制敕。予因得登太和殿請寶。寶方匣，玉色不甚白，唯皇帝之寶系碧玉，俱交龍紐，貫以黃絨繩，如指大。兩內相捧至殿。殿左設方矮桌，鋪褥，用寶其上。殿九楹，每楹朱漆柱九，中楹柱繪盤龍。殿頂俱五彩隔塵，金碧燦爛，中一室懸鏡如星，中懸一軒轅鏡，直御座上。御座硃紅漆鍍金，嵌以綠色寶。座上大椅皆三扆，不設几。座四面俱丹陛三道，道各三累，有圍欄。殿上俱黃龍地衣，下襯以棕薦篾席，唯御座一間，加以五彩蟠龍地衣。殿兩旁近南，有二朱扉，東西向，不甚高大，上有金滴水。東西柱下各一方桌，黃綾四面圍，東桌黃綾袱蓋一物如方函，西桌金緞袱蓋一物如盔，餘無所有。殿前月臺，白石雕龍甃，三層上有銅獅八，銅鶴銅龜各八，俱各炷香，煙從口出。殿後即中和殿，實一方亭圓頂如廳事。後過道又一層為保和殿。殿後玲瓏雕牆，即乾清門外院矣。予思仕宦至大僚，非政府，有終身不得上殿者。予小臣，乃得奔走執事其間，一何幸也！閱幾日，議謚號。應曰『高』，而以為逾於太祖太宗，故廟號『世祖』，諡曰『章』。予輩撰玉冊文，中堂示明穆廟時歸震川先生所撰世宗冊文為楷式焉。又幾日，移殯宮於景山壽皇殿。先一日陳鹵簿隊，象輦。象出東華門，俱流涙欷欷不已，共異之。明日，微雪。黎明，百官排班自東華門至景山，魚貫跪道左。予是時始見鹵簿之全。開道二紅棍，有黑漆描金如竹箭上廣而下銳者，凡十餘對。又二紅棍，如前箭而剖其半，又十餘對。自後則有若槍者，若戟者，若戈若矛者，蛇其首者，若錐者，如瓜者，如手執錐者，皆鍍金朱桿。有若節者，幢者，旛者，旌者，旗者，麾者，錦綺輝耀。每每色各數十對，每易一仗，即間二紅棍。諸仗俱直立持，不橫僕。唯箑傘最多。扇有圓者，方者，兜者，如鳥翅者，每式具五色，色各一。傘亦具五色，每色五頂，俱刺繡五簷，唯黃羅曲柄者止二頂。隊中有散馬，轡而不鞍，八十餘匹，有鞚馬數十匹。刻金鞍轡鐙，黃鞦靷，鞍首龍銜一珠，如拇指大，鞍尾珠三，如食指大，背各負數枕，備焚化，枕頂亦刻金為龍銜珠，如鞍首，共百餘。駝數十匹，繫纓垂貂，極華麗，皆負綾綺錦繡，及帳房什器，亦備焚。腰弓插矢者數十人，俱乘馬。捧御弓箭者數十人，牽獵犬御馬者數十人。御箭皆鴉翎黏金，御撒袋俱黃綺，針縫處密密貫明珠，計一袋珠，可當民間數婦女首飾，真大觀也。近靈輿，各執赤金壺、金瓶、金唾壺、金盤、金碗、金盥盆、金交床椅杌等物，皆大行所曾御者，亦備焚。靈輿黃幔軟金簷，紫貂大坐褥。其後即梓宮，用硃紅錦袱蓋。諸王大臣乘馬執紼，蓋至是不覺哭聲之愈高矣。雖疏遠小臣，無不汍瀾涕盡者，以此見先帝之深仁厚澤入人最深也。梓宮前有青布衣童子二三十人，或曰大臣子弟，育於太后所，故衣尚青。梓宮後為貞妃柩，上用紫花緞袱，蓋貞妃者從先帝死，故賜號貞妃，或曰即端敬皇后之妹也。其後，皇太后黑緞素服，素幔步輦送殯。舉哀後，素車五，青幔車六七，不知中宮誰入。各官隨至景山，梓宮啟東牆入。命婦在壽皇殿門內，百官在殿門外。擗踴奠楮，焚前所載諸物，謂之大丟紙。禮畢而散。當是時，青松碧樹，翠帳重巒，旌旗鼓吹，掩映其間，雖當遏滅之時，具見天家富麗矣。回思今上御極之晨，去大行才一日夜，所陳儀仗，即已燦新，無一物仍舊，上方製器，又何神速也！又三日，為二月初五日，二十七日之期已滿，百官至景山圓孝，各解所繫素帶，匯而焚之，卒哭，易服而出，然後得退歸私第焉。予唯先帝臨御十八年，無日不以民生疾苦為念，其御臣下，新舊人一體無偏畸，間有不測恩威，亦雷霆雨露，稱物平施，所以諸臣哭泣之哀，為前代所未有。予守制時，因滿漢官駢集，內三院公署不足容直宿，僨東華門內前星門左側一內相小直廬寄宿。前星門止一坊，前有三石橋，後為麟趾門，蓋前代青宮也。今殿廢，止一門存焉。寓前房一區，門扃鎖，詢之，為魏忠賢私拷人處，至今尚存。東華門晨啟，命諸婦入哭，俱細白布袍，白帕首，後垂二白帶，長竟身，手執一細竹杖，抵暮方散，車如流水，馬如游龍，此俱從龍貴人一二品大臣妻也，可謂盛矣。又有柴車載器具入內庫，詢之為馬逢知籍產，當是時，即已知其不赦云。時議停奉先殿時享，殿為先帝改造，方工役時，予宗揆原督工，因得與觀其規模。又同時造元穹殿，祀上帝，為宮中祈天之所。今亦議停祀，欲毀，以費徒役，故暫止焉。又議朝祭俱用日出，免燈籠庭燎不設。宮中出一元狐，純黑色，額點白，遍體光澤，前趾螺文如柔荑。一大木籠，如三層樓，上層以備其寢息，中層以餉食飲，下層以備溲溺，云將縱之野外。又一三尾羊，亦縱之。又宮中新造佛像極多，工緻絕時輩，俱分送京城各寺院。凡諸珍玩，焚化不盡者，俱市之民間，以備山陵之費。即盆卉鞍韉諸物，亦有貨者。於是知皇太后之儉德，固逾他代，抑亦抱烏號而增痛故然與？」

據宸所記，世祖崩於痘，與王文靖所記合。尤特殊者，為正月初二日，世祖尚幸憫忠寺，觀內璫吳良輔祝髮，是可知《東華錄》於是日始書不豫，其前實無劇病。憫忠寺即今之法源寺，唐太宗征遼東，歸途經此，造寺以薦陣亡將卒，故名「憫忠」。世祖既耽於釋氏，又惑於奄人。吳良輔蓋於世祖崩後伏誅。此事在清代亦微有所諱，不欲彰世祖之過，然世祖亦非愛而不知其惡，究與明代任奄諸帝不同。考清一代，最懲內官之弊，宮中暬御，領以大臣，謂之內府，而刑餘一流，退而分女官之職，司禮秉筆之貴，緝事詔獄之威，終清世無之。清馭宦官，所定制度，實超過漢唐以下各代。然為世祖崩後，太后及諸輔臣為之，非世祖所及料也。世祖於順治十年六月二十九日癸亥，設內十三衙門，悉本明制。諭文中痛發寺人之禍國，意在嚴防，亦不過與明之太祖太宗比烈，未嘗有意為康熙以後之內府體制也。十二年六月辛巳，立內十三衙門鐵敕，明舉明代諸奄為鑑戒，亦不過仿明太祖鐵牌故事，未若康熙即位後之根本改革。蓋康熙後所未達一間者，僅未能禁止宮刑耳。世祖朝之吳良輔，據《宮史》，順治十五年三月，《宮史》載世祖諭吏部：「內監吳良輔等，交通內外官員，作弊納賄，罪狀顯著，研審情真。有王之綱、王秉乾交結通賄，請託營私。良輔等已經供出，即行逮問。其餘行賄鑽營，有見獲名帖書柬者，有饋送金銀幣帛者，若俱按跡窮究，株連甚眾，姑從寬免。如此情弊，朕已洞悉，勿自謂奸弊隱密，竊幸朕不及知。嗣後務須痛改前非，各供厥職。凡交通請託行賄營求等弊，盡皆絕斷。如仍蹈前轍，作奸犯法者，必從重治罪。」觀此諭辭似嚴厲，然卒不窮究，毫無懲治，則於良輔之有犯，明明聽其漏網。《東華錄》載此諭，略加增添，末又綴「良輔尋伏法」一語，則合後數年之究竟言之，非當時事實矣。從張宸所記，則世祖晏駕前數日，尚命良輔祝髮而親往觀之，佞佛縱奄，兩擅其勝，此亦英主之一偏溺也。抑本以此奄為代帝出家，未可知也。世祖時，太祖諡「武」不諡「高」，故記云然。康熙初元，即改太祖諡「高」，亦議世祖諡時所觸發矣。

正月初七日丁巳，世祖崩，遺詔既云奏知皇太后而後宣示，則可知其實受成於太后之意旨。觀張宸所記，亦歸美於太后，當時眾論可知。遺詔臚列罪己各款，如暱近奄宦，內寵逾制，皆世祖所不能自克者，故知原詔文未必然也。

《東華錄》：「丁巳夜子刻，上崩於養心殿。遺詔頒示天下，詔曰：『朕以涼德，承嗣丕基，十八年於茲矣。自親政以來，紀綱法度，用人行政，不能仰法太祖太宗謨烈，因循悠忽，苟且目前，且漸習漢俗，於純樸舊制，日有更張，以致國治未臻，民生未遂，是朕之罪一也。朕自弱齡，即遇皇考太宗皇帝上賓，教訓撫養，唯聖母皇太后慈育是依，隆恩罔極，高厚莫酬，唯朝夕趨承，冀盡孝養，今不幸子道未終，誠悃未遂，是朕之罪一也。皇考殯天時，朕止六歲，不能服絰經行三年喪，終天抱憾，唯侍奉皇太后，順志承顏，且冀萬年之後，庶儘子職，少抒前憾，今永違膝下，反上廑聖母哀痛，是朕之罪一也。宗室、諸王、貝勒等，皆系太祖太宗子孫，為國藩翰，理宜優遇，以示展親。朕於諸王貝勒等，晉接既疏，恩惠復鮮，以致情誼暌隔，友愛之道未周，是朕之罪一也。滿洲諸臣，或歷世竭忠，或累年效力，宜加倚托，盡厥猶為，朕不能信任，有才莫展。且明季失國，多由偏用文臣，朕不以為戒，而委任漢官，即部院印信，間亦令漢官掌管，以致滿臣無心任事，精力懈弛，是朕之罪一也。朕夙性好高，不能虛己延納，於用人之際，務求其德與己相侔，未能隨才器使，以致每嘆乏人，若捨短錄長，則人有微技，亦獲見用，豈遂至於舉世無才，是朕之罪一也。設官分職，唯德是用，進退黜陟，不可忽視。朕於廷臣中，有明知其不肖，不即罷斥，仍復優容姑息。如劉正宗者，偏私躁忌，朕已洞悉於心，乃容其久任政地，誠可謂見賢而不能舉，見不肖而不能退，是朕之罪一也。國用浩繁，兵餉不足，而金花錢糧，盡給宮中之費，未嘗節省發施，及度支告匱。每令會議，諸王大臣，未能別有奇策，止議裁減俸祿，以贍軍餉。厚己薄人，益上損下，是朕之罪一也。經營殿宇，造作器具，務極精工，求為前代後人之所不及，無益之地，糜費甚多，乃不自省察，罔體民艱，是朕之罪一也。端敬皇后，於皇太后克盡孝道，輔佐朕躬，內政聿修，朕仰奉慈綸，追念賢淑，喪祭典禮，過從優厚，不能以禮止情，諸事逾濫不經，是朕之罪一也。祖宗創業，未嘗任用中官，且明朝亡國，亦因委任宦寺，朕明知其弊，不以為戒，設立內十三衙門，委用任使，與明無異，以致營私作弊，更逾往時，是朕之罪一也。朕性耽閒靜，常圖安逸，燕處深宮，御朝絕少，以致與廷臣接見稀疏，上下情誼否塞，是朕之罪一也。人之行事，孰能無過，在朕日理萬幾，豈能一無違錯，唯肯聽言納諫，則有過必知。朕每自恃聰明，不能聽言納諫，古云：「良賈深藏若虛，君子盛德，容貌若愚。」朕於斯言，大相違背，以致臣工緘默，不肯進言，是朕之罪一也。朕既知有過，每自刻責生悔，乃徒尚虛文，未能省改，以致過端日積，愆戾愈多，是朕之罪一也。太祖太宗創垂基業，所關至重，元良儲嗣，不可久虛。朕子玄燁，佟氏所生，八歲岐嶷穎慧，克承宗祧，茲立為皇太子，即遵典制，持服二十七日，釋服即皇帝位。特命內大臣索尼、蘇克薩哈、遏必隆、鰲拜為輔臣，伊等皆勳舊重臣，朕以腹心寄託，其勉矢忠藎，保翊沖主，佐理政務，布告中外，咸使聞知。』」

遺詔中深抑奢靡，有撙節愛養之意，是國祚之所以能久。排斥漢人，至以漢官偶掌部院印信，亦為罪己之一端，可知意出於諸輔臣。當時漢族新服，滿族方張，柄國者所憚在滿不在漢，四輔臣又均非宗室，當奉遺詔時，即跪告諸王貝勒等，言：「今主上遺詔，命我四人輔佐沖主。從來國家政務，唯宗室協理，索尼等皆異姓臣子，何能綜理？今宜與諸王貝勒共任之。」諸王貝勒等曰：「大行皇帝深知汝四大臣之心，故委以國家重務，詔旨甚明，誰敢干預？四大臣其勿讓。」索尼等奏知皇太后，乃誓告於皇天上帝、大行皇帝靈位前，然後受事。此見於康熙《東華錄》之首，中間以太后為樞紐，而四輔臣之將順宗親，敷衍滿族，與宗親滿族之自爭利益，皆在此遺詔中決之。故知王熙之撰詔，大半為太后輔臣之指，不言溫樹，情勢宜然。至追咎董鄂後之祭葬逾侈，並非有所追奪，不過平議者之心，而弭其氣，於事無所出入，但非世祖之所欲言。剷除宦寺，處斬吳良輔，實為清一代最懲覆轍之高見，而亦不似世祖向來優容吳奄之舉動。據張宸所記，世祖於不豫之第一日，即晏駕前之六日，尚親為吳奄祝髮。以後未見吳良輔正法明文，而帶述於二月十五日廢止十三衙門之諭中，則為已誅吳奄之後。《東華錄》於順治十五年三月申斥吳良輔之諭旨，結之以「良輔尋伏誅」一語，本為要其終而言之。《清史稿．世祖本紀》十五年三月申辰徑書「內監吳良輔以受賄伏誅」，更不著一他語，此則誤讀實錄，不體會尋伏誅之尋字。至私家尚有記良輔祝髮於十八年之初，世祖並有親臨之事，自更非所及見矣。史書之不得其實，留待後人訂正者多，豈唯《清史稿》為然？

十八年二月十五日，乙未，在聖祖即位逾月之後矣。革去十三衙門，已發明諭，前載《玉林年譜》，二月十五日得旨南還，尚有欽差內十三道惜薪司尚公護送。則事在同日，想革去之旨，頒發在後，非早朝例發之諭也。《東華錄》：二月「乙未，諭吏部刑部等大小各衙門，朕唯歷代理亂不同，皆係用人之得失，大抵委任宦寺，未有不召亂者，加以僉邪附和其間，則為害尤甚。我太祖太宗痛鑑往轍，不設宦官。先帝以宮闈使令之役，偶用斯輩，繼而深悉其奸，是以遺詔有云：『祖宗創業，未嘗任用中官，且明朝亡國，亦因委用宦寺。』朕懍承先志，釐剔弊端，因而詳加體察。乃知滿洲佟義，內官吳良輔，陰險狡詐，巧售其奸，熒惑欺矇，變易祖宗舊制，倡立十三衙門名色，廣招黨類，恣意妄行。錢糧藉端濫費，以遂侵牟權勢，震於中外，以窮威福，恣肆貪婪，相濟為惡。假竊威權，要挾專擅，內外各衙門事務，任意把持，廣興營造，糜冒錢糧，以致民力告匱，兵餉不敷。此二人者，朋比作奸，撓亂法紀，壞本朝醇樸之風俗，變祖宗久定之典章，其情罪重大，稔惡已極，通國莫不知之。雖置於法，未足蔽辜。吳良輔已經處斬，佟義若存，法亦難貸，已服冥誅，著削其世職。十三衙門盡行革去，凡事皆遵太祖太宗時定製行，內官俱永不用。又劉正宗亦當仰遵遺詔，置之重典，但念其年老，姑從寬免。其黨類亦皆赦宥。爾等即傳布中外，刊示曉諭，咸使知悉，用昭除奸癉惡大法」。此諭為清永抑宦官之始，諭中「吳良輔已經處斬」，未明言斬於何日。而其助成內十三衙門之罪魁，尚有一滿洲佟義，雖已死，亦削世職，此必亦一勳貴。當時佟養正之後，尚未招入滿洲，未能考其所出。

世祖崩於大內，無行遁之說，諸證已明。而世仍以吳詩〈清涼山贊佛〉四首為疑，因其為贊佛，則疑五臺之涉及世祖，必有出家五臺之舉。因其一再用董姓入詩，又疑董妃為冒氏姬人董小宛。夫世祖媚佛之據甚多，疑為出家，猶非無故。至董姓何必即為小宛？董鄂之董，在詩人何必辨其為非漢姓之董，而不以董姓故事附麗之？抑向來學者，於清代故事太不留意，並不知端敬皇后之出董鄂氏耶？昔年為小宛辨誣，曾有專考，行世二十餘年，可不複述。當小宛豔幟高張之日，正世祖呱呱墮地之年。小宛死於順治辛卯，辟疆《同人集》中，海內名流以詩詞相弔者無數。時世祖尚只十四歲耳，小宛則二十八歲，所謂年長以倍者也。漢人於滿姓董鄂氏，本多舉其一董字為說，梅村詩程穆衡箋即如此。學者間喧傳董妃為小宛，及革命後異說爭鳴之一種。若以王杲為山東人，世祖之太后與之苟合而生世祖，其始見文字中者，為魏聲龢《雞林舊聞錄》。旋為英人濮蘭德所採，遂入英文記載中，而國人又轉譯以為異聞，抑何可笑！吳中葉菊裳先生昌熾，世以學人奉之。其《緣督廬日記》，即有兩則信董小宛為董妃之說。民國四年乙卯二月十六日記云：「聰生、日昳來長談，云有李君熙者燕人也，舉經濟特科，廷試翹然高列，熟於《紅樓夢》之學，謂此書為董小宛而作，並涉及國初宮闈事，非臣子所敢言。有批注詳言本末，別有提要一卷，中華書局已為刊行。初訝其說之奇創，既而恍然悟，梅村〈清涼山贊佛詩〉，惝恍迷離，莫測其旨。靳榮藩注，可為詳矣，然於此篇本事，獨不著一字。今指其第一首云，『王母攜雙成，絳節雲中來』，已暗藏董字。末首『長以兢業心，了彼清淨理』，脫蹝萬乘，而又與同泰捨身者迥別。梅村詩史，必不妄作。以此證李君之言，殆可信。」

葉君於李君熙之說，竟由〈清涼山贊佛詩〉，而信其附會之有合，不但以雙成一典，信董姓之即為小宛，又由「長以兢業心，了彼清淨理」二語，並信世祖之出家。文人好奇，不暇深考，遽爾輕附流言，在葉君桑海遺民，心存故主，必不願多所誣衊，然於此竟不免積習。其後九日為廿五日，又記云：「至麥家圈惠中旅館，即平原相國寓室。聰生袖交《紅樓索隱提要》，王夢阮撰，梅村〈清涼山贊佛詩〉雙成一聯之外，又舉『可憐千里草，萎落無顏色』為證。此詩實可疑，不能謂其穿鑿也。」蓋信之至矣。平原相國謂陸鳳石，聰生或即陸氏子弟，遺老忠於故君，獨於宮闈影事，居然附和新學少年。當時蔡孑民先生亦有《紅樓索隱》之作，商務印書館取以與余《董小宛考》合印一冊，皆其時人心思探清初奇祕之現象。尤可笑者，冒鶴亭見余《小宛考》，以為代其先世雪誣，贈冒氏先德歷代著述之叢書為謝。余詰以「君家小宛被誣，君知雪之，太清春龔定庵被君所誣，又將如何？余則兩雪之，君知改否？」則又固言聞之先輩，不欲回意。然則事非切己，仍以傳播流言為快意，所謂結習者如是。

〈清涼山贊佛詩〉，葉君謂其迷離惝恍，蓋亦未逐句尋其指意，只見為迷離惝恍耳。靳榮藩不詳本事，靳固深避梅村詩中涉於時事之解釋。吳詩之專釋本事者，乃程迓亭、穆衡。靳或引之，旋又自剗其版。今《吳詩集覽》中，往往一片墨釘，核之皆程迓亭箋也。迓亭所釋亦不盡確，唯將分體之舊本，改作編年，頗便於考訂時事，雖未能盡確，然以各體之次序，併為一總次序，大致可據。茲為吳詩重箋，糾正程箋，亦糾正其編年之有誤，此不過就董鄂妃一事言耳，若全詩則非敢與前賢箋釋立異也，且無國史可據，亦固未能訂其年月矣。

重釋吳詩，首以學者共疑之〈清涼山贊佛詩〉為急。此詩程編於庚子辛丑間是也，但必其在辛丑，即順治十八年，世祖遺詔已頒之後。題下程原箋云：「為皇貴妃董氏詠。《扈從西巡日錄》：『五臺山大塔寶院寺，明萬曆戊寅，孝定皇太后重建，有阿育王所置佛舍利塔，文殊發塔。』知歷來后妃皆有布造，貴妃上所愛幸，薨後命五臺山大喇嘛建道場。詩特敘致瑰麗，遂有若《長恨歌序》云爾。」此為程氏所釋本事，言為董妃建道場於此山，而有此詩，亦未言世祖行遁此山也。其詩云：

西北有高山，云是文殊臺。臺上明月池，千葉金蓮開。花花相映發，葉葉同根栽。王母攜雙成，綠蓋雲中來。漢主坐法宮，一見光徘徊。結以同心合，授以九子釵。翠裝雕玉輦，丹髹沉香齋。護置琉璃屏，立在文石階。長恐乘風去，舍我歸蓬萊。從獵往上林，小隊城南隈。雪鷹異凡羽，果馬殊群材。言過樂遊苑，進及長楊街。張宴奏絲桐，新月穿宮槐。攜手忽太息，樂極生微哀。千秋終寂寞，此日誰追陪？陛下壽萬年，妾命如塵埃。願共南山槨，長奉西宮杯。披香淖博士，側聽私驚猜：今日樂方樂，斯語胡為哉？待詔東方生，執戟前詼諧。薰爐拂黼帳，白露零蒼苔。吾王慎玉體，對酒毋傷懷。

傷懷驚涼風，深宮鳴蟋蟀。嚴霜被瓊樹，芙蓉凋素質。可憐千里草，萎落無顏色。孔雀蒲桃錦，親自紅女織。殊方初云獻，知破萬家室。瑟瑟大秦珠，珊瑚高八尺。割之施精藍，千佛莊嚴飾。持來付一炬，泉路誰能識？紅顏尚焦土，百萬無容惜。小臣助長號，賜衣或一襲。只愁許史輩，急淚難時得。從官進哀誄，黃紙抄名入。流涕盧郎才，咨嗟謝生筆。尚方列珍膳，天廚供玉粒。官家未解菜，對案不能食。黑衣召志公，白馬馱羅什。焚香內道場，廣座楞伽譯。資彼象教恩，輕我人王力。微聞金雞詔，亦由玉妃出。高原營寢廟，近野開陵邑。南望倉舒墳，掩面添悽惻。戒言秣我馬，遨遊凌八極。

八極何茫茫，曰往清涼山。此山蓄靈異，浩氣供屈盤。能蓄太古雪，一洗天地顏。日馭有不到，飄渺風雲寒。世尊昔示現，說法同阿難。講樹聳千尺，搖落青琅。諸天過峰頭，絳節乘銀鸞。一笑偶下謫，脫卻芙蓉冠。遊戲登瓊樓，窈窕垂雲鬟。三世俄去來，任作優曇看。名山初望幸，銜命釋道安。預從最高頂，灑掃七佛壇。靈境乃杳絕，捫葛勞躋攀。路盡逢一峰，傑閣圍朱闌。中坐一天人，吐氣如栴檀。寄語漢皇帝，何苦留人間？煙嵐倏滅沒，流水空潺湲。回首長安城，緇素慘不歡。房星竟未動，天降白玉棺。惜哉善財洞，未得誇迎鑾。唯有大道心，與石永不刊。以此護金輪，法海無波瀾。

嘗聞穆天子，六飛騁萬里。仙人觴瑤池，白雲出杯底。遠駕求長生，逐日過濛汜。盛姬病不救，揮鞭哭弱水。漢皇好神仙，妻子思脫屣。東巡並西幸，離宮宿羅綺。寵奪長門陳，恩盛傾城李。穠華即修夜，痛入哀蟬誄。苦無不死方，得令昭陽起。晚抱甘泉病，遽下輪臺悔。蕭蕭茂陵樹，殘碑泣風雨。天地有此山，蒼崖閱興毀。我佛施津梁，層臺簇蓮蕊。龍象居虛空，下界聞門蟻。乘時方救物，生民難其已。淡泊心無為，怡神在玉几。長在兢業心，了彼清淨理。羊車稀復幸，牛山竊所鄙。縱灑蒼梧淚，莫賣西陵履。持此禮覺王，賢聖總一軌。道參無生妙，功謝有為恥。色空兩不住，收拾宗風裡。

四詩中，程箋之涉本事者，第一首「王母攜雙成」一聯下云：「雙成用姓。」第二首「可憐千里草」一聯下云：「千里草用姓。妃薨於順治十七年七月七日。」末聯「駕言秣我馬，遨遊凌八極」下云：「《堯峰文鈔》：『每歲駕幸南海子，必累月，是冬駐蹕才數日。』」第三首無本事箋。第四首之末云：「題曰贊佛。」大意如此。

程箋四詩，涉本事者本甚少。其中言妃薨於十七年七月七日，則已大誤。程蓋見梅村詩中有「七夕即喜」一題，亦言宮廷中事，誤以為與妃薨有關，此俟彼詩重箋再論。今所辨者董妃之薨日也。《東華錄》：「順治十七年八月壬寅」，「皇貴妃董鄂氏薨，輟朝五日」。是月朔為甲申，壬寅乃十九日，後二日甲辰。《東華錄》云：「諭禮部，皇貴妃董鄂氏於八月十九日薨逝，奉聖母皇太后諭旨：『皇貴妃佐理內政有年，淑德彰聞，宮闈式化，倏爾薨逝，予心深為痛悼，宜追封為皇后，以示褒崇。』朕仰承慈諭，特用追封，加之謚號，謚曰『孝獻莊和至德宣仁溫惠端敬皇后』。其應行典禮，爾部詳察速議具奏。」然則妃不薨於七夕，程氏以意為說，並無疑揣之辭，未免武斷。

《堯峰文鈔》語，見汪氏〈世祖章皇帝輓詩二首〉詩注。汪詩云：「已致昇平胙，兼高孝治名。彌留念文母，倉卒託阿衡。寢殿陳龍輴，離宮徹翠旌。猶傳罪己詔，嗚咽走蒼生。」「文母」句注：「謂昭聖皇太后。」其二云：「南苑停調馬，東邦罷貢鷹。車書方正統，弓劍忽遐升。玉几嗟空設，鑾輿憶舊乘。蒼茫哀痛日，大誓復金縢。」「南苑」句注：「即程箋吳詩所引。」「東邦」句注：「詔罷高麗貢。」「大誓」句注：「時輔臣率百官，誓於大光明殿。」鈍翁此詩，多本時政及遺詔，無可擬議。唯直謂輓詩，當時原無行遁等謬說也。

今就吳詩本文重繹之。第一首先從五臺山說起，而以金蓮花葉同根映發，引起董妃，喻其承恩繾綣，即以五臺贊佛為本題。而董妃入宮，轉用五臺金蓮起興，詞人之筆，綰合有情。中間敷陳董妃恩遇，後半忽插入樂極生哀之預言，其事有無不必泥，要以此起董妃之亡，即為第二首之前引，是詩家之筆陣也。第二首入董妃之薨，蟋蟀涼風，其時令亦本不似新秋七夕。妃薨之後，雜焚珍寶，即張瑪青所記之小丟紙、大丟紙。其次言上意視小臣能助哀者有賞，否則獲譴，用宋孝武殷貴妃喪，劉德願、羊志等奉詔哀哭事，頗譏世祖。據張瑪青記，蓋實有此事。記有云：「先是內大臣命婦哭臨，不哀者議處，皇太后力解乃已。」孝陵開創英闢，為內嬖所蠱，有此瞀罔，哲婦之可畏如此。更錄張記如下：「端敬皇后喪，命諸大臣議謚。先擬四字不允，而六字八字十字而止，猶以無『天聖』二字為歉。命胡、王二學士排纂後所著語錄，其書祕不得而傳。舉殯，命八旗官二三品者輪次舁柩，與舁者皆言其重。票本用藍墨，自八月至十二月盡，乃易朱。先是內大臣命婦哭臨不哀者議處，皇太后力解乃已。」記所云云，自是事實。據八月甲辰諭，所加端敬皇后謚號，除「端敬」二字，為皇后上應有之辨識，其謚則為「孝獻莊和至德宣仁溫惠」十字，猶以無「天聖」二字為歉。歷代嫡後皆有「承天輔聖」等字，非嫡而子為帝者，有「育聖」等字，端敬既不以嫡論，亦不得以子嗣帝位而得一「聖」字，是誠歉矣。胡、王二學士，胡者胡兆龍，王即王熙，皆當時學士。胡又即張記所云山陰學士也。二學士之《端敬後語錄》，時已祕而不傳，語錄當是禪宗語，決非道學家之語錄。金之俊《金文通集》，有奉敕撰《端敬皇后傳》一巨冊，今所行《文通集》多無此冊，天津圖書館所儲《文通集》有之，昔年故友沈子肅為抄一冊見貽，惜今不在行篋。旗員二三品者皆异柩，以柩重為獻諛之辭，人主有所蔽，所得之忠愛皆極可笑。票本用藍墨，琱青時在內閣，固其身歷之事。又世宗諭旨推尊玉林國師，並其弟子茆溪森，而又斥玉林弟子行峰。諭云：「唯有骨巖行峰者，玉林琇之弟子也。曾隨本師入京，因作《侍香紀略》一冊，以記恩遇。其中荒唐誕妄之處，不可列舉。如云：『端敬皇后崩，茆溪森於宮中奉旨開堂，且勸朝廷免殉葬多人之死』等語，我朝並無以人殉葬之事，不知此語從何而來？」云云。世宗此諭，並將《侍香紀略》查毀，行峰削去支派，徒眾永遠不許復入祖庭。今因此諭，彌信董妃之不用殉葬，正得力於茆溪、行峰之言必可據。且世宗言我朝並無以人殉葬之事，則《武皇帝實錄》太祖之喪，即由太宗及諸貝勒強逼後為攝政王之睿王多爾袞母為殉。乾隆間所改之《太祖實錄》乃隱之。此猶曰未入關時事。世祖之喪，更以董鄂貞妃為殉，貞妃即端敬後之從妹，或者亦太后惡端敬而逼其妹以死之，如孝烈武皇后之比，亦未可知。詩又言廣進哀誄，青琱所撰一聯，即其中之一。禁中大作佛事，則《侍香紀略》可證。詩又言赦詔亦傳言由妃之故。《東華錄》：順治十七年十一月壬子朔，「諭刑部：朕覽朝審招冊，待決之囚甚眾，雖各犯自罹法網，國憲難寬，但朕思人命至重，概行正法，於心不忍。明年歲次辛丑，值皇太后本命年，普天同慶。又念端敬皇后彌留時，諄諄以矜恤秋決為言，朕是以體上天好生之德，特沛解網之仁。見在監候各犯，概從減等，使之創艾省改，稱朕刑期無刑，嘉與海內維新之意。爾部即會同法司，將各犯比照減等例，定擬罪名，開具簡明招冊具奏」。據此諭則減刑明言從端敬後彌留之屬，然則為後生人以求冥福耳。先以皇太后本命為言，本命云者，太后辛丑年生，肖屬牛，至辛丑亦牛年也。蓋孝莊文皇后於康熙二十六年丁卯崩，壽七十五，上推生年，為明萬曆四十一年癸丑，至順治十八年辛丑四十九歲。夫以本命年為普天同慶，世無其例，無非為端敬肆赦，強加太后作一口實。詩言「微聞金雞詔，亦由玉妃出」，略作傳疑之詞，詩人之忠厚耳。詩又言營廟開陵二事，營廟事所必有，今已不見到錄。開陵即世祖後葬之孝陵，世祖有二后合葬，一端敬，二為聖祖生母孝康。其廢后以後所立之嫡后不祔，別為孝東陵。「倉舒墳」者，以魏武帝子鄧哀王比端敬子榮親王。榮親王生甫百餘日而殤，名尚未命，本不得有王封，為端敬而特封之，是為皇四子。聖祖則皇三子也。《東華錄》：順治十四年十月丙子，「皇第四子生」，十五年正月己未，「皇第四子薨」，蓋百零四日。三月甲子，「上以皇子生甫四月而薨，悼之，追封為和碩榮親王」。四月辛巳，「禮部奏：和碩榮親王墳園圈丈地內，所有寺廟墳墓，宜令遷移。得旨，民間年久墳墓，及供奉神佛之寺廟僧道等，為朕稚子建立寢園之故，俱令遷移，朕心實為不忍。況群黎百姓，莫非朕之赤子，所有墳墓寺廟，不必遷移，仍著照舊存留。禮部尚書恩格德可作速前往，將榮親王新園附近墳主眷屬，並寺廟僧道等，傳集曉諭，俾知朕體恤民隱之至意」。此即詩所謂「倉舒墳」也。百日未命名之兒，乃有陵園，至圈地括有墳墓寺廟等所在，此豈歷代帝王殤子所有？唯不令遷移一諭，猶有英主一線之本覺耳。末聯秣馬遨遊，起下第三首將往五臺禮佛。

第三首正敘清涼山靈境為仙佛所往來，宜為禮佛薦亡之地，既命高僧若道安者預備佛壇，忽託言天人傳語，帝已不得久留人世，下即敘長安慘象，是世祖未出都而崩也。房星未動，房為天駟，言未啟蹕，天降玉棺，借用王喬事諧韻，非帝者之故事。洞未迎鑾，道心故在，是以永護金輪，此則明言世祖本將幸五臺，忽然殂落，則行遁之說，梅村早未為此訛言，不知後人讀吳詩，何以只見為迷離惝恍，而反作異說與詩相牴牾也？

第四首用周穆、漢武帝王留情於內寵之事，以明禮佛之由來，大命忽傾，輪臺自悔，正指遺詔自責各款。又歸功於我佛，謂牖啟帝衷，未殆非佛。憑几之命，利及生民，所謂以兢業心，了清淨理，菊裳先生所疑者，無可疑也。晉武羊車之幸已稀，齊景牛山，期古而無死之樂，知其可鄙，雖有二妃，無心於分香賣履，則謂遺詔中並以端敬之喪逾侈自責也。末皆歸功於佛，謂禮佛之一念，已致此向道回善之功，收拾色空，宗風不墜，是之謂贊佛。程氏似亦見及此。

〈贊佛詩〉既重箋矣，同時吳詩之涉此，或程箋之誤指其本事者，今並箋之如次。〈七夕即事〉，程編在順治十七年庚子，箋云：「順治十七年七月，皇貴妃董氏薨逝，即端敬皇后也。是年貴妃先喪皇子，此詩前三首志其入宮之事，末章為帝子傷逝。」詩云：

羽扇西王母，雲軿薛夜來。針神天上落，槎客日邊回。鵲渚星橋迥，羊車水殿開。只今漢武帝，新起集靈臺。今夜天孫錦，重將聘洛神。黃金裝鈿合，寶馬立文茵。刻石昆明水，停梭結綺春。沉香亭畔語，不數戚夫人。仙醞陳瓜果，天衣曝綺羅。高臺吹玉笛，複道入銀河。曼倩詼諧笑，延年宛轉歌。江南新樂府，齊唱夜如何！花萼高樓迥，岐王共輦遊。淮南丹未熟，緱嶺樹先秋。詔罷驪山宴，恩深漢緒愁。傷心長枕被，無意候牽牛。

程箋吳詩，以此箋為最謬。董妃死於八月十九，非七月，已見前。程於〈贊佛詩〉箋，謂妃死於七月七日，而此〈七夕即事〉，在程意以為即妃死之日之事。乃詩既云即事，並不言妃死，而反誤稱其入宮承寵，則即事之謂何？又言是年先喪皇子，妃子榮親王喪於順治十五年正月二十四日，實錄有明文。又言末章為帝子傷逝，以妃死之日，止用四首中之末首傷其子之逝，已與題指不合，且所傷逝之帝子，一則用花萼樓事，再則比以岐王，三則撫長枕被而生憐，皆傷帝之兄弟，何得牽入貴妃殤子第四子！全首語氣，豈是百日而殤之帝子光景？百日而殤，可登花萼樓乎？可共輦遊乎？可比於淮南緱嶺乎？可與共長枕大被乎？又況即事云者，即日之事也。十七年梅村久已出都，是秋方在家居，八月則至無錫。詩有〈庚子八月訪同年吳永調於錫山〉一題。梅村以十三年憂歸，遂不復出。十七年之七夕，既不在京，何能詠宮中即日之事？若在外得京中信，追詠其日之事，即不得云即事矣。余以為此十三年七夕梅村在京之詩也。董妃以十三年八月冊為賢妃，十二月晉皇貴妃，蓋本擬七月七日行冊禮，以世祖弟襄親王博穆博果爾之喪，暫停，梅村正詠其事。後仍於八月冊立。梅村以宮中恩寵，盛指七夕為期，而會有弟喪，無復待牽牛者，謂不行冊禮也。《東華錄》：順治十三年七月己酉，「和碩襄親王博穆博果爾薨，年十六」。按襄親王為太宗第十一子，世祖則第九子也。董妃擬以七夕冊為賢妃，此雖想當然語，但按其他時日，頗相合。

若程箋則無一而可通也。

吳詩又有〈七夕即事〉，程箋云：「題旨同前。」余亦以為不然，此自感己事耳。但因宮中事而感己之事，梅村於七夕之日，必有失一所眷者。故其詩云：

天上人間總玉京，今年牛女倍分明。畫圖紅粉深宮恨，砧杵金閨瘴海情。南國綠珠辭故主，北邙黃鳥送傾城。憑君試問雕陵鵲，一種銀河風浪生。

首並言天上人間，三天上，四人間，五六所感之本事。雕陵之樊，其鵲為人間之鵲，而風浪之生，則與銀河為同類。天上之七夕，因故稽其美滿，人間則綠珠已辭故主，黃鳥且送傾城，風浪均矣。

吳詩有〈詩史有感〉八首，程箋云：「與清涼山四首參看。」程亦但如葉菊裳所見，迷離惝恍而已，不能指其事也。今補釋之。其詩曰：

彈罷熏弦便薤歌，南巡翻似為湘娥。當時早命雲中駕，誰哭蒼梧淚點多？

重壁臺前八駿蹄，歌殘黃竹日輪西。君王縱有長生術，忍向瑤池不併棲。

昭陽甲帳影嬋娟，慚愧恩深未敢前。催道漢皇天上好，從容恐殺李延年。

茂陵芳草惜羅裙，青鳥殷勤日暮雲。從此相如羞薄倖，錦衾長守卓文君。

玉靶輕弓月樣開，六宮走動射鵰才。黃山院裡長生鹿，曾駕昭儀翠輦來。
為掣瓊窗九子鈴，君王晨起婕好醒。長楊獵罷離宮閉，放去天邊玉海青。
上林花落在芳尊，不死鉛華只死恩。金屋有人空老大，任他無事拭啼痕。
銅雀空施六尺床，玉魚銀海自茫茫。不如先拂西陵枕，扶下君王到便房。

此詩當詠殉葬之董鄂貞妃。首言帝之崩翻似為妃之死，此即後來附會行遁之意。一董妃死而帝崩，帝崩而又一董妃殉，若使帝先逝，而兩董妃不知孰殉之急切也？第二首言非殉不可。第三首言不殉且有門戶之憂。此余前所言貞妃之殉，或亦如多爾袞之母，有所迫也。董鄂氏之奇寵，世祖之濫恩，若使榮親王不殤，端敬不夭，母愛子抱，放器恐非聖祖所能有。其為親貴側目，歷觀前舉各節，已自可知。世祖元后之被廢，或尚未與端敬之寵有關，繼后之不當上指，則明由董鄂。《清史稿．孝惠後傳》：「孝惠章皇后博爾濟吉特氏，科爾沁貝勒綽爾濟女。順治十一年五月，聘為妃。六月冊為後。貴妃董鄂氏方幸，後又不當上指。十五年正月，皇太后不豫，上責後禮節疏闕，命停應進中宮箋表，下諸王、貝勒、大臣議行。」據此則董鄂氏必為孝惠所不喜。聖祖即位之後，孝惠已為皇太后矣。孝惠之父綽爾濟，又為世祖生母孝莊后親姪，孝莊在世祖時為太后，世祖崩時，大計多所稟定，康熙時為太皇太后，聖祖孝養備至。又世祖廢後亦為孝莊后之親姪，縱被廢尚在董鄂入宮之前，然歷年屏處側宮，日益消沉，而董鄂日益煊赫，人情對此若何。端敬既死，推世祖之愛，董鄂一宗，未有翻覆，然未必非貞妃一殉，有以維繫之。梅村此詩，大可味也。四五兩首，當是端敬薨後，世祖推董鄂舊恩於貞妃。六首世祖不豫至晏駕時情狀。七首身殉而仍回顧廢后。八首決殉，情事瞭然矣。貞妃殉事，已見前錄張宸記中。《清史稿．貞妃傳》附《端敬傳》，別見後。《東華錄》：順治十八年，聖祖即位以後，有褒封貞妃之諭，此殆董鄂所以保全。錄云：「二月壬辰，諭禮部：皇考大行皇帝御宇時，妃董鄂氏，賦性溫良，恪共內職。當皇考上賓之日，感恩遇之素深，克盡哀痛，遂爾薨逝。芳烈難泯，典禮宜崇，特進名封，以昭淑德。追封為貞妃，所有應行禮儀，爾部詳例具奏。」此董鄂貞妃之在實錄者也。

世祖妃出董鄂氏者蓋有三人，其有子者為寧慤妃。茲錄《清史稿．世祖諸妃傳》如次：「淑惠妃，博爾濟吉特氏，孝惠皇后妹也。順治十一年，冊為妃。康熙十二年，尊封皇考淑惠妃。妃最老壽，以五十二年十月薨。同時尊封者，浩齊特博爾濟吉特氏，為恭靖妃。阿霸垓博爾濟吉特氏，為端順妃。皆無所出。棟鄂氏為寧愨妃，在世祖時號庶妃，子一福全。又恪妃石氏，灤州人，吏部侍郎申女，世祖嘗選漢官女備六宮，妃與焉，居永壽宮，康熙六年薨，聖祖追封皇考恪妃。又在三妃前，世祖庶妃有子女者，又有八人：穆克圖氏子承斡，八歲殤。巴氏子鈕鈕，為世祖長子，二歲殤。女二，一六歲殤，一七歲殤。陳氏，子一常寧。唐氏，子一奇授，七歲殤。鈕氏，子一隆禧。楊氏，女一，下嫁納爾杜。烏蘇氏，女一，八歲殤。納喇氏，女一，五歲殤。」按福全封裕親王，為大將軍，聖祖兄也。

《清史稿．后妃傳》：「孝獻皇后棟鄂氏，內大臣鄂碩女。年十八，入侍。上眷之特厚，寵冠後宮。十三年八月，立為賢妃。十二月，進皇貴妃，行冊立禮，頒赦，上皇太后徽號。鄂碩本以軍功授一等精奇尼哈番，進三等伯。十七年八月薨，上輟朝五日，追諡『孝獻莊和至德宣仁溫惠端敬皇后』。上親製行狀，略曰：『后婉靜循禮，事皇太后，奉養甚至，左右趨走，皇太后安之。事朕晨夕候興居，視飲食服御，曲體罔不悉。朕返蹕晏，必迎問寒暑，飢意少，則曰「陛下歸晚，體得毋倦耶？」趣具餐躬進之。命共餐則辭。朕值慶典，舉數觴，必誡侍者。室無過燠，慽中夜慽起視。

慽朕省封事，夜分未嘗不侍側。諸曹循例章報，朕輒置之，後曰：「此雖奉行成法，安知無當更張，或有他故，奈何忽之。」令同閱，起謝不敢干政。覽廷讞疏，握筆未忍下，後問是疏安所云，朕諭之，則泣曰：「諸闢皆愚無知，豈盡無冤，宜求可矜宥者全活之。」大臣偶得罪，朕或不樂，後輒請霽威詳察。朕偶免朝，則諫毋倦勤。日講後，與言章句大義，輒喜。偶遺忘，則諫當服膺默識。搜狩親騎射，則諫毋以萬邦仰庇之身，輕於馳驟。偶有未稱旨，朕或加譙讓，始猶自明無過，及聞姜后脫簪事，即有宜辨者，但引咎自責而已。后至節儉，不用金玉。誦《四書》及《易》，已卒業。習書未久即精。朕喻以禪學，參究若有所省。后初病，皇太后使問安否，必對曰：「安。」疾甚，朕及今後諸妃嬪環視之，後曰：「吾殆將不起，此中澄定亦無苦，獨不及酬皇太后暨陛下恩萬一。妾歿，陛下宜自愛，唯皇太后必傷悼，奈何！」既又令以諸王賻施貧乏。復屬左右，毋以珍麗物斂。歿後，皇太后哀之甚。』行狀數千言。又命大學士金之俊別作傳。是歲，命秋讞停決，從後志也。時鄂碩已前卒，後世父羅碩，授一等阿思哈尼哈番。及上崩，遺詔以後喪祭逾禮為罪己之一。康熙二年，合葬孝陵，主不祔廟，歲時配食饗殿。子一，生三月而殤，未命名。貞妃棟鄂氏，一等阿達哈哈番巴慶女，殉世祖，聖祖追封為皇考貞妃。」

《清史稿．鄂碩傳》：「鄂碩，棟鄂氏，滿洲正白旗人。倫布，太祖時率四百人來歸，賜名魯克素。子錫罕，授世職備禦。天聰初，從伐朝鮮戰沒。鄂碩，錫罕子也。太宗以錫罕死事，進世職游擊，以鄂碩襲。八年，從貝勒多鐸伐明，攻前屯衛，斬邏卒，又從噶布希賢噶喇依，昂邦勞薩，率將士迎察哈爾部來歸者，授牛錄額真。九年，招察哈爾部伐明，自朔州至崞縣，斬邏卒，自平魯衛出邊，明兵邀戰，鄂碩與固山額真圖爾格擊卻之，進世職二等甲喇章京，擢巴牙喇甲喇章京。崇德元年，與勞薩將百人偵明邊，至冷口，斬邏卒，得馬十五。二年，護甲喇額真丹岱等，與土默特互市，赴歸化城，斬明邏卒。三年從睿親王多爾袞伐明，自青山口入邊，擊敗明太監高起潛兵。四年，與噶布希賢章京沙爾虎達，將土默特三百，略寧遠挑戰，明兵堅壁不出，得其樵採者以還。五年，從圍錦州，以噶布希賢兵敗敵騎，明總督洪承疇赴援，上營松山杏山間，命吳拜等以偏師營高橋東，鄂碩明兵自杏山潰出，告吳拜，吳拜未進擊，明兵復入城，上以鄂碩不親擊，責之。六年，復圍錦州，分兵略寧遠。遇明兵六百騎，擊破之，得人二，馬六十餘。七年，從伐明，自界嶺口入邊，敗明總督范志完軍於豐潤。明兵自密雲出，劫我輜重，奮擊卻之。遂越明都趨山東，師出邊，明總兵吳三桂邀戰，復擊之潰歸，斬數十級，得纛三，邏卒二十九，馬二百餘。順治初，從入關，逐李自成至慶都，從豫親王多鐸討之。自成據潼關，倚山為寨，鄂碩與噶布希賢噶喇依、昂邦努山攻拔之。二年，移師南征，鄂碩將噶布希賢兵先驅，至睢寧，敗明兵。從端重親王博洛下蘇州，擊明巡撫楊文驄舟師，得戰船二十五。趨杭州，敗明魯王以海兵，獲總兵一。復與巴牙喇纛章京哈寧阿克湖洲，世職累進二等阿思哈尼哈番。六年，擢鑲白旗滿洲梅勒額真。從鄭親王濟爾哈朗徵湖廣，師還，賚白金三百。八年，授巴牙喇纛章京。十三年，擢內大臣，世職累進一等精奇尼哈番。十四年，以其女冊封皇貴妃，進三等伯。十四年卒，贈三等候，謚『剛毅』。子費揚古，自有傳。羅碩，鄂碩兄也。初授刑部理事官，從入關，擢甲喇額真。順治六年，姜壤叛命，梅勒額真卦喇駐軍太原，壤遣兵陷清源，與卦喇分道擊之，壤兵棄城走，斬五千餘級。壤遣兵犯太原，從端重親王博洛破賊壘，斬萬餘級。其徒圍絳州，擾浮山，迭戰勝之。八年，擢工部侍郎，進世職三等阿思哈尼哈番。九年，從徵湖南失利，奪官降世職，尋授大理寺卿。十七年，以從女追冊端敬皇后，授一等阿思哈尼哈番。康熙四年卒。鄂爾多，羅碩孫，初授侍衛，累遷至侍郎，歷戶、刑二部，授內務總管，擢尚書，歷兵、戶、吏三部。卒謚『敏恪』。」

董鄂在明為毛憐衛地，與清之先同為建州部夷，而與建州衛李滿住為親。至和何哩以董鄂部長歸太祖，尚主為額駙，為清開國功臣。董鄂實「佟家」之轉音，所居為佟家江，故名。其先殆與清之先俱本佟姓。清乾嘉間，尚書鐵保本棟鄂氏，而自考其族譜為實趙姓，宋神宗子越王偲之裔，此則未可詳究。清國史舊《鄂碩傳》，早可考見為端敬后之父，至《清史稿》並詳其世交羅碩，蓋據《滿洲氏族譜》所載。棟鄂即董鄂，明實錄中作「東古」或「冬古」，清初實錄作「東果」，順治間作董鄂，遂以端敬盛名。為當時文人，以董姓故事緣飾為詞藻，豈唯梅村，若陳其年詩「董承嬌女拜充華」，亦指此事也。二百年後，更以冒氏妾董小宛強附會之，初不審小宛之盛，尚在明代，今為詳端敬家世，更可息異喙矣。端敬弟費揚古，康熙間平定噶爾丹有大功，別封一等公，不復以外戚取貴重，士大夫多為文頌其勳績，見諸家文集中，反無人言其與端敬後關係矣。

吳詩又有〈古意〉六首，程氏無箋。余以為亦詠世祖宮中事。其詩云：

爭傳婺女嫁天孫，才過銀河拭淚痕。但得大家千萬歲，此生那得恨長門。

荳蔻梢頭二月紅，十三初入萬年宮。可憐同望西陵哭，不在分香賣履中。

從獵陳倉怯馬蹄，玉鞍扶上卻東西。一經輦道生秋草，說著長楊路總迷。

玉顏憔悴幾經秋，薄命無言只淚流。手把定情金合子，九原相見尚低頭。

銀海居然妒女津，南山仍錮慎夫人。君王自有他生約，此去唯應禮玉真。

珍珠十斛買琵琶，金谷堂深護絳紗。掌上珊瑚憐不得，卻教移作上陽花。

此為世祖廢后作也。第一首言立為后不久即廢，而世祖亦不永年，措詞忠厚，是詩人之筆。第二首言最早作配帝主，至帝崩時，尚幽居別宮，退稱妃號，而不預送終之事。第三首言初亦承恩，不堪回首，后本慧麗，以嗜奢而妒失指，則其始當非一見生憎也。第四首言被廢多年，世祖至死不回意。第五首第一句言生不同室，第二句言死不同穴，慎夫人以況端敬，端敬直死後永承恩念，廢后一無他望。第六首則可疑，若非董小宛與世祖年不相當，幾令人思冒氏愛寵，旋納宮中為或有之事矣。余意此可有二說：（一）或廢后非卓禮克圖親王之親女，當攝政王為世祖聘定之時，由侍女作親女入選，以故世祖惡攝政王而並及此事，決意廢之。（二）或端敬實出廢后家，由侍媵入宮。蓋廢后家世貴，太宗之嫡后孝端后，為廢后之祖姑，世祖生母孝莊后，為廢后之姑。太宗最寵之關睢宮宸妃，亦廢后之姑（即孝莊之姊），宸妃之得寵於太宗，幾與端敬之於世祖相埒。太宗方攻錦州，洪承疇、祖大壽輩力拒，久不克，太宗聞妃病即回瀋陽，置萬急之軍事由諸貝勒承之，至則妃已薨，太宗慟至迷惘，自午至酉始復常。自悔其輕視王業，頗自刻責，然悲悼不已，屢見實錄。由此見廢后家由太宗以來之戚誼。董鄂雖有從徵功，其驟貴在順治十三年端敬為妃以後。端敬之或先入廢后家為侍媵，非不可有之事。錄廢后傳如次，錄廢后傳之先，且先詳廢后家世。

太宗孝端文皇后，博爾濟吉特氏，科爾沁貝勒莽古思女。明萬曆四十二年甲寅四月，太祖命太宗親迎成禮。越二十三年，崇德元年，即明崇禎九年，太宗建尊號，後亦正位中宮。二年，追封莽古思和碩福親王。太宗孝莊文皇后，本莊妃，生世祖，尊為后，莽古思子宰桑女。世祖即位，追贈宰桑和碩忠親王。崇德元年，立「卓哩克圖親王」爵，以宰桑子烏克善為「第一世卓哩克圖親王」。烏克善即廢后之父。自莽古思以來，已三世為后父矣。宰桑又一子滿珠習禮，為烏克善之弟，由「科爾沁鎮國公」進爵為「達爾漢巴圖魯親王」。其子綽爾濟，為世祖繼后孝惠后之父。孝惠后於順治十一年被聘為妃，六月立為後，時尚未有端敬承寵，疑端敬隨孝惠入宮，孝惠為廢后姪，則孝惠之侍媵亦廢后家侍兒也。

《清史稿．后妃傳》：「世祖廢后博爾濟吉特氏，科爾沁卓禮克圖親王吳克善女，孝莊文皇后姪也。后麗而慧，睿親王多爾袞攝政，為世祖聘焉。順治八年八月，冊為皇后。上好簡樸，后則嗜奢侈，又妒，積與上忤。十年八月，上命大學士馮銓等，上前代廢后故事。銓等疏諫，上嚴拒，諭以無能故當廢，責諸臣沽名。即日奏皇太后，降后為靜妃，改居側宮。下禮部。禮部尚書胡世安，侍郎呂崇、高珩疏請慎重詳審。禮部員外郎孔允樾，及御史宗敦一、潘朝選、陳棐、紀椿、杜果、聶玠、張嘉、李敬、劉秉政、陳自德、祖永傑、高爾位、白尚登、祖建明，各具疏力爭。允樾言尤切，略言：『皇后正位三年，未聞失德，特以無能二字定廢嫡之案，何以服皇后之心？何以服天下後世之心？君后猶父母。父欲出母，即心知母過，猶涕泣以諫，況不知母過，何事安忍緘口而不為母請命？上命諸王、貝勒、大臣集議，議仍以皇后位中宮，而別立東西兩宮。』上不許，令再議，並責允樾復奏。允樾上疏引罪，諸王、大臣再議，請從上指，於是后竟廢。」

# 附錄　董小宛考

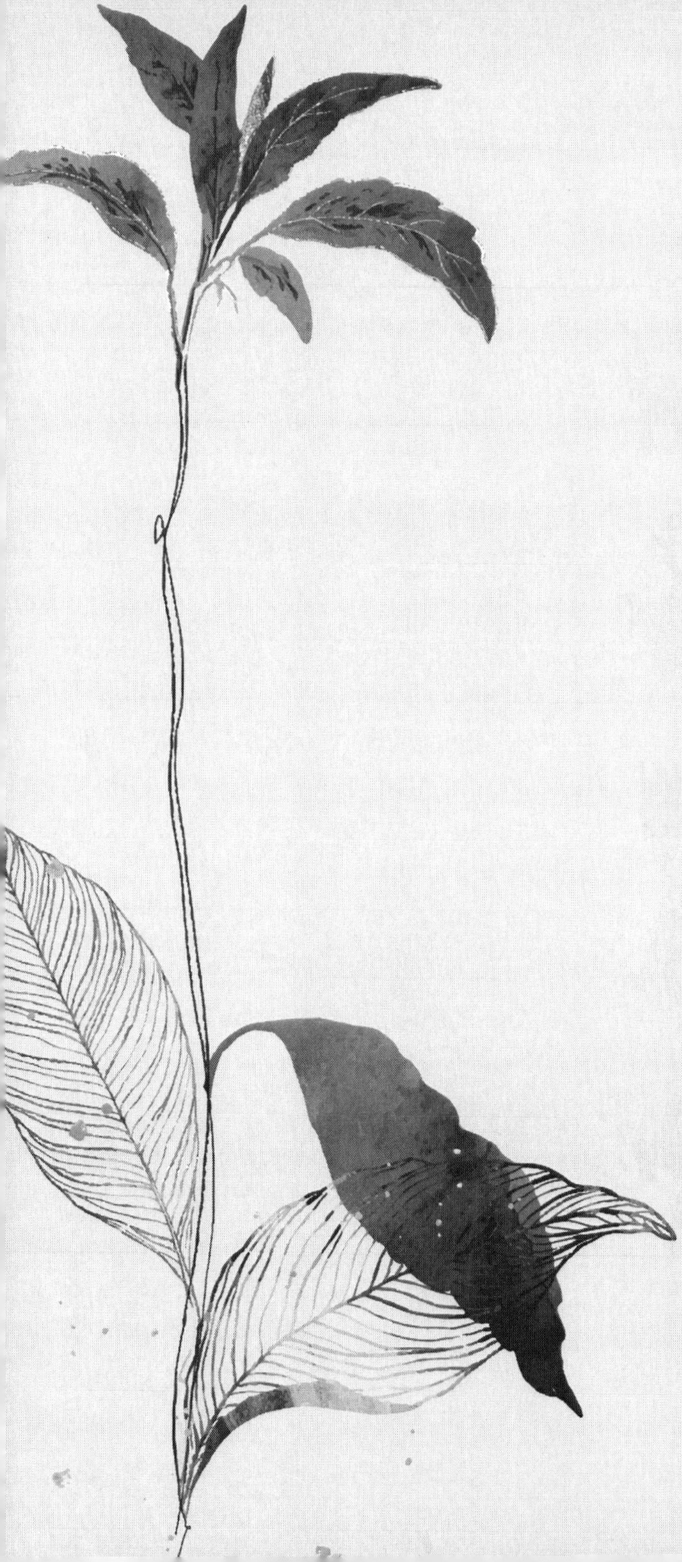

清世祖出家之說，世頗有傳者。其時董鄂貴妃之故後承恩，具在《國史》。時人因董鄂之譯音，定用此二字，遂頗用董氏故事影射之。陳迦陵之所謂董承嬌女也，吳梅村〈清涼山贊佛詩〉之所謂千里草也。雙成也，皆指董鄂事，何必另於疑似之間，強指他人而代之？又何必於凡姓董之人中，牽及冒氏侍姬之董小宛？事之可怪，無逾於此。

凡作小說，劈空結撰可也，倒亂史事，殊傷道德。即或比附史事，加以色澤，或並穿插其間，世間亦自有此一體。然不應將無作有，以流言掩實事。止可以其事本屬離奇，而用文筆加甚之；不得節外生枝，純用指鹿為馬方法，對歷史上肆無忌憚，毀記載之信用。事關公德，不可不辨也。

董小宛之歿也，在順治八年辛卯之正月初二日，得年二十有八。蓋生於明天啟四年甲子，是為清太祖天命十年，國號後金，未定名為清也。越十四年，為明崇禎十一年戊寅，清太宗於是年之前一年改元崇德，始建國號曰清，於此為崇德二年，正月三十日戌時，世祖始生，而為小宛之十五歲。

陳其年《湖海樓詩・壽冒巢民先生七十》云：「先生庚子屆五袠，我適來捧金屈巵。婁東作序字碗大，砑繚綾上蟠蛟螭。十年庚戌再祝嘏，合肥夫子為之詞。花前禿筆掃屏嶂，酒痕墨沈交淋漓。今春庚申又七十，佳郎賭著斑斕嬉。」據此，則巢民生於明萬曆三十九年辛亥，至順治十七年庚子為五十，康熙九年庚戌為六十，康熙十九年庚申為七十也。庚申之前一年己未，為清代第一次開鴻博科，其年以是年入翰林。巢民之五十壽言，出吳梅村手；六十壽言，出龔芝麓手；七十壽言，乃出其年手，正其年入翰林之次年也。梅村壽文，今見《集》中。巢民至八十三而終，八十壽言，出韓元少手，亦見《有懷堂集》。

由庚子上推順治七年庚寅，為巢民之四十歲。巢民憶小宛之情詞，具在《影梅庵憶語》。《憶語》云：「客春三月，欲長去鹽官，訪患難相恤諸友。至邗上，為同社所淹。時余正四十，諸名流咸為賦詩。龔奉常獨譜姬始末，成數千言，〈帝京篇〉、〈連昌宮〉不足比擬。奉常云：『子不自注，則余苦心不見，如「桃花瘦盡春醒面」七字，綰合己卯醉晤、壬午病晤兩番光景，誰則知者？』余時應之，未即下筆」云云。又曰：「詎謂我侑巵之辭，乃姬誓墓之狀耶？讀余此雜述，當知諸公之詩之妙，而去春不注奉常詩，蓋至遲之今日，當以血淚和隃麋也」云云。據此，則巢民之作《憶語》，在庚寅四十初度之明年，為順治八年辛卯。

奉常詩全篇，見《定山堂集》中，題云〈金閶行為辟疆賦〉。詩云：

暮春柳花吹雪香，故人坐我芙蓉堂。酒酣燭跋詩思歇，欲言不言還進觴。共請故人陳夙昔，十年前作金閶客。朱絃錦瑟正當樓，妙舞清歌恆接席。是時江左猶清平，吳趨美人爭知名。珊瑚為鞭紫騮馬，嫣然一笑逢傾城。虎丘明月鴛鴦槳，經歲煙波獨來往。茶香深夕玉纖纖，隋珠已入秦簫掌。竇霍驕奢勢絕倫，雕籠翡翠可憐身。至今響屧廊前水，猶怨苧蘿溪上春。臨風惆悵無人見，雙成煙霧回鸞扇。綺閣青燈伴藥爐，桃花瘦盡春酲面。橫塘風好不回船，鍥臂緣深子夜前。促坐已交連理樹，同心寧學獨枝蓮。桃葉渡江還用楫，龍舟錦纜開歡饜。孫劉事去水湯湯，金焦兩點飛蝴蝶。登山臨水送將歸，裛粉親沾遊子衣。木刻斑騅人獨去，啼憎烏桕手難揮。憔悴空閨衣帶緩，刀環夢逐征鴻斷。桂華清露碧成團，鳴榔到日秋光滿。乍離乍合事無端，不贈當歸贈合歡。俠骨自能輕遠道，長思不待祝加餐。爾時結交多畏友，正色相規言不苟。幡然意氣重金釵，急之勿失真佳偶。片帆東下舞衣斑，又載明珠江上還。風雨熟經揚子渡，車輪長轉望夫山。殷勤為信玄霜約，四海肝腸誰可託。翩然一片有心人，義重恩多沁香澤。黃衫驄馬此緣奇，玉鏡臺前鬢影移。豈有鸞鎞堪浪擲，百年天意在蛾眉。七寶裝車九霞幔，支機星採搖銀漢。雍睦能調為汭琴，幽貞對舉梁鴻案。南陔天壤樂難支，鳩杖相扶上壽時。花竹一門封太古，始知佳婦似佳兒。風塵動地人蓬轉，潘鬢蕭疏沈郎倦。桃笙玉臂自支持，患難深情於此見。牙籤湘軸盡經營，餘事文人標格清。花裡抽毫香博士，林中掠鬢女書生。辟疆約略言如此，雙頰津津猶未已。黃雞三唱曉缸青，浮白高歌送吾子。憶君四十是明朝，清酒平原興已饒。一下緱山黃鶴背，揚州橋上聽吹簫。人生此日稱強仕，蕭然獨著名山史。柴桑歲月義熙餘，薇蕨山川樸巢似。餐霞吐玉剩風流，南嶽西川萬里遊。子安年少推才子，今日相逢未白頭。旗亭好句雙鬟譜，寒食東風動人主。羽獵長楊又一時，誰令英雄老歌舞。盡道元方孝友偏，平生隱德夢中傳。板輿袨褐清門裡，千尺松筠結大年。更起為君酌一斗，神仙遊戲藏花酒。不須遙羨白雲鄉，棲烏各有長千柳。

此詩正巢民所云中有「桃花瘦盡春酲面」句，但並無數千言之多，蓋侈言之也。結句芝麓自鳴得意，蓋詡其亦有橫波夫人，同為一時俊選，不須徒羡宛君，是時正龔與橫波久羈吳越，將起復北上矣。

《憶語》又曰：「客歲新春二日，即為余抄選全唐五七言絕句上下二卷。是日，偶讀七歲女子『所嗟人異雁，不作一行歸』之句，為之悽然下淚。至夜和成八絕，哀聲怨響，不堪卒讀。余挑燈一見，大為不懌，即奪之焚去，遂失其稿。傷哉異哉！今歲恰以是日長逝也」云云。所云客歲，即是庚寅。所云今歲，即是辛卯。新正二日長逝，其確證如此。

冒氏《同人集》壽文，有〈陳維崧奉賀冒巢民老伯暨伯母蘇孺人五十雙壽序〉，中云：「孺人天性謹厚，知大義，視先生所愛之姬董，同於娣姒。姬歿而哭之慟，且令兩兒白衣冠治喪焉，春秋祭祀不使絕」云云。此序文不見於《湖海樓集》，當輯補迦陵軼文。其足證小宛之死，更無疑義。

《憶語》又云：「姬在別室四月，荊人攜之歸。入門，吾母太恭人與荊人見而愛異之，加以殊眷。幼姑長姊尤珍重相親，謂其德性舉止均非常人。而姬之侍左右，服勞承旨，較婢婦有加無已。烹茗剝果，必手進；開眉解意，爬背喻癢。當大寒暑折膠鑠金時，必拱立座隅，強之坐飲食，旋坐旋飲食，旋起執役，拱立如初。余每課兩兒文，不稱意，加夏楚，姬必督之，改削成章，莊書以進，至夜不懈。越九年，與荊人無一言枘鑿，至於視眾御下，慈讓不遑，咸感其惠。余出入應酬之費，與荊人日用金錯泉布，皆出姬手。姬不私銖兩，不愛積蓄，不製一寶粟釵鈿。死能彌留，元旦次日，必欲求見老母，始瞑目。而一身之外，金珠紅紫盡卻之，不以殉，洵稱異人」云云。此處又可證小宛之死，為元旦次日。巢民記其彌留之狀，並記其殉物，此為夭死於家，絕無影響異詞可供捃摭也。巢民之婦蘇氏，與巢民同年。見梅村壽文。

小宛之年，各家言止二十七歲。既見於張明弼所作《小宛傳》，又余淡心《板橋雜記》云：「小宛事辟疆九年，年二十七，以勞瘁死。辟疆作《影梅庵憶語》二千四百言哭之。」張、余皆記小宛之年，淡心尤記其死因為由於勞瘁，蓋亦從《影梅庵憶語》中之詞旨也。然據《憶語》，則當得年二十有八。

明崇禎十二年己卯，為清太宗崇德三年。南都鄉試，巢民來秦淮，吳次尾、方密之、侯朝宗咸盛稱小宛，巢民初未過訪也。至下第後送其尊人入粵，乃至吳門，時小宛已移居吳，巢民與之相見於半塘，是為識面之始。是年小宛十六歲，清世祖則為二歲，巢民則為二十九歲。

己卯，應試南都，從吳、方、侯諸公聞小宛名，見張明弼所作傳。《憶語》則云：「己卯初夏，應試白門，晤密之，云：『秦淮佳麗，近有雙成，年甚綺，才色為一時之冠。』余訪之，則以厭薄紛華，挈家去金閶矣。嗣下第浪遊吳門，屢訪之半塘，時逗留洞庭不返。名與姬頡頏者，有沙九畹、楊漪照，予日遊兩生間，獨咫尺不見姬。將歸棹，重往冀一見，姬母秀且賢，勞余曰：『君數來矣，予女幸在舍，薄醉未醒。』然稍停復他出，從花徑扶姬於曲闌，與余晤。面暈淺春，纈眼流視，香姿玉色，神韻天然，懶慢不交一語。余驚愛之。惜其倦，遂別歸。此良晤之始也。時姬年十六」云云。據此，則小宛之年，當以巢民所自記者為信。若如張傳余記之言，是年當止十五，否則當死於順治七年庚寅，總之與《憶語》不合。故斷為小宛死於二十八歲時也。

巢民有〈和書雲先生，己巳夏，寓桃葉渡口，即事感懷原韻〉詩一首。詩後長跋一首，中有云：「至牧齋先生，以三千金同柳夫人為余放手作古押衙，送董姬相從，則壬午秋冬事。董姬十三離秦淮，居半塘六年，從牧齋先生遊黃山，留新安三年，年十九歸余」云云。此段與《憶語》合。尤足證小宛歸冒之年為十九歲，而順治辛卯死時為二十八，不當從諸家作二十七也。書云先生為李宗孔，原唱見《同人集》。己巳為康熙二十七年，巢民已七十九歲。跋中述秦淮事實頗詳。書云原作推巢民與牧齋、梅村、芝麓輩同擅風流，巢民乃獨以風流教主屬牧齋。謂「梅村並非曲中熟客，於牧齋送董姬歸冒時，餞於虎丘，梅村在座，僅能致語豔羡，蓋純以門外漢稱之。芝麓亦僅為橫波稍有留戀，並非久溷曲中者。唯己與定生、次尾，為庶幾夢入遊仙」云云。又小宛於崇禎壬午以前，從牧齋至新安，淹留至三年之久，固於此老香火緣不淺。又小宛以十三徙半塘，則在崇禎九年丙子，其間亦時至秦淮，故己卯應秋試，諸公爭道雙成。巢民過訪，則已歸半塘。其留新安三年，亦即在居半塘六年之內。牧齋至新安，在辛巳春，《集》中歲月可考。明年壬午春，小宛已歸半塘，為與巢民訂嫁娶之始。然則所云「從牧齋先生遊黃山」，乃小宛已留新安之日，牧齋來而從之遊，非偕往也。

巢民記與小宛相見情狀如此，則張傳云：方、侯、吳諸公稱小宛，而巢民不信，因不訪小宛；小宛則時時從人問巢民，及半塘相見，連稱巢民為「異人！異人！」皆未免過為妝點。

崇禎十五年壬午春，小宛病中再晤巢民，始有委身之意。暨從至南都鄉試，九月七日榜發，巢民中副車。十月至潤州，謁房師鄭某，乃聞小宛歸冒念切，生死以之。某刺史任黃衫押衙，而負累轇轕，事已決裂。旋得虞山錢牧齋聞訊而來，以大力斡旋，三日為之區畫立盡。以十二月望，送至如皋。巢民不敢白其尊人，居之別室，四閱月乃歸，蓋在十六年癸未之春矣。是為小宛之以十九歲歸於冒，二十歲始與大婦同居。時巢民為三十二至三十三歲，清世祖為五歲至六歲。清太宗以癸未歿，世祖六歲嗣位，明年改元順治矣。

《憶語》云：「壬午仲春，都門政府言路諸公，恤勞人之勞，憐獨子之苦，馳量移之耗，先報余。時正在毗陵，聞言，如石去心。因便過吳門慰陳姬，蓋殘冬屢趣余，未皆答。至則十日前復為竇霍門下客以勢逼去。先，吳門有暱之者，集千人譁劫之；勢家復為大言挾詐，又不惜數千金為賄，地方恐貽伊戚，劫出復納入。余至，悵惘無極。然以急嚴親患難，負一女子無憾也」云云。巢民當辛巳、壬午之間，暱陳姬，訂嫁娶甚堅。自己卯晤小宛，彼此初無意也。此陳姬，在《憶語》中於辛巳早春相識，審其蹤跡，當即陳圓圓。以無預小宛事，不贅。

又云：「是晚一鬱，因與友覓舟去虎疁夜遊，明日遣人之襄陽，便解維歸里。舟過一橋，見小樓立水邊，偶詢遊人，此何處?何人所居?友以雙成館對。余三年積念，不禁狂喜，即停舟相訪。友阻云：『彼亦為勢家所驚，危病十有八日。母死，鐍戶不見客。』余強之上，叩門至再三，始啟戶，燈火闃如，宛轉登樓，則藥餌滿几榻。姬沉吟，詢何來？余告以昔年曲闌醉晤人，姬憶，淚下曰：『曩君屢過余，雖僅一見，余母恆背稱君奇秀，謂余惜不共君盤桓，今三年矣。余母新死，見君憶母，言猶在耳。今從何處來？』便強起揭帷帳審視余，且移燈留坐榻上。譚有頃」云云。此時情景，決其於己卯初見時非有深契，益證張傳之不免附會。所云「勢家」，當即後父周奎，時思間田貴妃之寵，選色於吳，冀蠱思宗，圓圓去而小宛獲免也。後吳三桂之得圓圓，即得之於周邸。至巢民之眷圓圓，更有記載可憑。陳其年《婦人集》云：「姑蘇女子圓圓，字畹芬，戾家女子也，色藝擅一時。如皋冒先生常言：『婦人以姿致為主，色次之，碌碌雙鬟，難其選也；蕙心紈質，淡秀天然，生平所覯，則獨有圓圓耳。』」據此則巢民之傾倒於圓圓，少日風流可想矣。又云：「壬午清和晦日，姬送余至北固山下，堅欲從渡江歸里，余辭之力，益哀切不肯行，舟泊江邊」云云。又云：「偕登金山，時四五龍舟衝波激盪而上」云云，此為壬午四五月間事。

又云：「登金山誓江流曰：『妾此身如江水東下，斷不復返吳門。』余變色拒絕，告以期逼科試，年來以大人滯危疆，家事委棄老母，定省俱違，今始經理一切，且姬吳門責逋甚眾，金陵落籍，亦費商量，仍歸吳門，俟季夏應試相約同赴金陵，秋試畢，第與否，始暇及此，此時纏綿，兩妨無益。姬仍躊躇不肯行。時五木在几，一友戲云：『卿果終如願，當一擲得巧。』姬肅拜於船窗，祝畢，一擲得全六，時同舟稱異。余謂果屬天成，倉猝不臧，反僨乃事，不如暫去徐圖之。不得已，始掩面痛哭，失聲而別。余雖憐姬，然得輕身歸，如釋重負。才抵海陵，旋就試，至六月抵家。荊人對余云：『姬令其父先已過江來，云姬返吳門，茹素不出，唯翹首聽金陵偕行之約。聞言心異，以十金遣其父去，曰：「我已憐其意而許之，但令靜俟畢場，事後無不可耳！」』余感荊人相成相許之雅，遂不踐走使迎姬之約，竟赴金陵，俟場後報姬」云云。此為壬午五六月間事。明南畿設提學道二，江北學道署在泰州，江南學道署在江陰，清初尚沿之。巢民就試海陵，應是年科試耳。

又云：「金桂月三五之辰，余方出闈，姬猝到桃葉寓館」云云。又云：「場事既竣，余妄意必第，自謂此後當料理姬事，以報其志。詎十七日，忽傳家君舟抵江干，蓋不赴寶慶之調，自楚休致矣。時已二載違養，冒兵火生還，喜出望外，遂不及為姬商去留，竟從龍潭尾家君舟抵鑾江。家君閱余文，謂余必第，復留之鑾江候榜。姬從桃葉寓館仍發舟追余」云云。又云：「七日乃榜發，余中副車，窮日夜力歸里門，而姬痛哭相隨，不肯返；且細悉姬吳門諸事，非一手足力所能了。責逋者見其遠來，益多奢望，眾口狺狺；且嚴親甫歸，余復下第意阻，萬難即諧。舟抵郭外樸巢，遂冷面鐵心，與姬訣別，仍令姬歸吳門，以厭責逋之意，而後事可為也」云云。此為壬午八九兩月間事。

又云：「陰月過潤州，謁房師鄭公……適奴子自姬處來，云姬歸不脫去時衣，此時尚方空在體，謂余不速往圖之，彼甘凍死。劉大行指余曰：『辟疆夙稱風義，固如是負一女子耶？』余云：『黃衫押衙，非君平所能自為。』刺史舉杯奮袂曰：『若以千金恣我出入，即於今日往。』陳大將軍立貸數百金，大行以蔘數斤佐之。詎謂刺史至吳門，不善調停，眾譁，決裂，逸去吳江。余復還裡，不及訊。姬孤身維谷，難以收拾。虞山宗伯聞之，親至半塘，納姬舟中。上至縉紳，下及市井，纖悉大小，三日為之區畫立盡，索券盈尺。樓船張宴，與姬餞於虎疁，旋買舟送至吾皋。至月之望，薄暮侍家君飲於拙存堂，忽傳姬抵河干。接宗伯書，娓娓灑灑，始悉其狀。且即馳書貴門生張祠部，立為落籍。吳門後有細瑣，則周儀部終之；而南中則李總憲舊為禮垣者，與有力焉。越十月，願始畢。然往返葛藤，則萬斛心血所灌注而成也」云云。是為壬午十月至十二月間事。是年仲春因訪陳圓不遇而改覓小宛，遂堅訂歸冒，至是歷十月，故言越十月願始畢也。

《賴古堂尺牘．錢謙益與冒辟疆》云：「武林舟次，得接眉宇，乃知果為天下士，不虛所聞，非獨淮海維揚一俊人也。救荒一事，推而行之，豈非今日之富鄭公乎？闈中雖能物色，不免五雲過眼，天將老其材而大用之，幸努力自愛，衰遲病發，田光先生所謂駑馬先之之日也。然每見騏驥，猶欲望影嘶風，知不滿高明一笑耳。雙成得脫塵網，仍是青鳥窗前物也；漁仲放手作古押衙，僕何敢貪天功？他時湯餅筵前，幸不以生客見拒，何如？嘉貺種種，敢不拜命，花露海錯，錯列優曇閣中，焚香酌酒，亦歲晚一段清福也。」此札不入汪東山所刻《牧齋尺牘》之中，今刻補遺乃入之。詳其文義，尚是一面之後，初通書問。且於巢民誤中副車，方作慰藉之語，知必系周旋小宛事之後所通第一書，即《憶語》所謂「接宗伯書，娓娓灑灑」者也。觀書末有「花露海錯」，致謝嘉貺則虞山之好事，亦冒氏有以求之。又言歲晚清福，則作書時必已在臘月；至書達時為月之望日，可知其必為十二月之望也。

小宛至冒氏，先居別室，四閱月乃歸與嫡同居，則在癸未之初夏矣。

崇禎十七年即清世祖順治元年，春，流賊入京師，莊烈帝以三月十九日縊死。四月望後，確信始達如皋，一時駭走。時南都方議擁立宏光，以五月朔即位，而冒氏亦以五月五日返其居。中秋日，巢民入南都，別小宛五閱月，歲杪回裡，挈家之父嵩少公江南糧儲任所，旋即流寓鹽官。是年小宛為二十一歲，巢民三十四歲，清世祖則七歲也。

《憶語》云：「甲申三月十九之變，余邑清和，望後始聞的耗。邑之司命者甚懦，豺虎猙獰踞城內，聲言焚劫，郡中又有興平兵四潰之警，同裡紳衿大戶一時鳥獸駭散，咸去江南。余家集賢裡，世恂讓，家君以不出門自固。閱數日，上下三十餘家，僅我灶有炊煙耳。老母、荊人懼，暫避郭外，留姬侍余。姬扃內室，經紀衣物書畫文券，各分精粗，散付諸僕婢，皆手書封識。群橫日劫，殺人如草，而鄰右人影落落如晨星。勢難獨立，只得覓小舟，奉兩親挈家累，欲衝險從南江渡澄江北。一黑夜六十里，抵泛湖洲朱宅。江上已盜賊蜂起，先從間道微服送家君從靖江行。夜半，家君向余曰：『途行需碎金無從辦。』余向姬索之，姬出一布囊，自分許至錢許，每十兩，可數百小塊，皆小書輕重於其上，以便倉卒隨手取用。家君見之訝且嘆，謂姬何暇精細如此。」

又曰：「午節返吾廬，衽金革與城內梟獍為伍者十旬，至中秋始渡江入南都。別姬五閱月，殘臘乃回，挈家隨家君之督漕任，去江南，嗣寄居鹽官」云云。據此，則甲申殘臘，巢民回裡挈家，《憶語》即接「寄居鹽官」，似尚為甲申年內之事。又按陳其年《嵩少冒公墓誌銘》：「甲申覆補漕儲，而南北之變起，公於是不復仕矣。」夫南北變起，正謂和議決裂，偏安之局無成（蓋宏光時猶稱清為北朝，而明以南朝自居也）。嵩少之任糧儲，蓋已無意仕宦，以挈家赴任為名，實則寄居鹽官。證之各家詩文，當在高傑亂時。說詳下。

宏光乙酉，清順治二年，五月破南都。巢民先奉父移家鹽官，依死友陳梁。與小宛頗事文藝，小宛著《奩豔》，不廢娛樂。至南都破後，清兵復下江浙，亂離奔走，閱百日，復返鹽官。九月而巢民病，自冬徂春乃已。冬至後渡江北歸，暫棲海陵，以養疾焉。是年小宛為二十二歲，巢民三十五歲。

陳其年《嵩少冒公墓誌》：「時江淮盜賊蜂起，皋邑城外則灶戶，而城內則中營，白晝殺人，縣門火日夜不絕。公度無可如何，則率家屬而依鹽官之陳梁以居。陳梁者，公子死友也。梁當未與公子交時，則已從公遊矣。」據此，則率家屬往鹽官，實為嵩少之意。江淮盜賊，正指高傑輩。吳梅村〈題冒辟疆名姬董白小像〉八首，中有一首云：「亂梳雲髻下高樓，盡室倉皇過渡頭。鈿合金釵渾拋卻，高家兵馬在揚州。」可以證之矣。又梅村詩題下小引，亦有「高無賴爭地稱兵」語，皆指此。

黃梨洲《弘光實錄鈔》：「高傑以乙酉正月十三日，為許定國所殺。其逼揚州也，在甲申九月間，與黃得功相攻。嗣是督師史公，恆為高傑所脅，江北騷然。冒氏挈家避之，正在甲申之冬，若至乙酉正月傑死以後，梅村不應言高家兵馬矣。或以梅村此詩，疑小宛先為高傑所得，後乃由兵間流轉入燕，則又未知傑死在乙酉正月；而小宛之著書侍疾，世所豔稱之跡，皆在乙酉正月以後也。」

《憶語》云：「乙酉客鹽官，嘗向諸友借書讀之，凡有奇僻，命姬手鈔。姬於事涉閨閣者，則另錄一帙，歸來與姬遍搜諸書，續成之，名曰《奩豔》。其書之瑰異精祕，凡古人女子自頂至踵，以及服食器具，亭臺歌舞，針神才藻，下及蟲魚鳥獸，即草木之無情者，稍涉有情，皆歸香麗。今細字紅箋，類分條析，俱在奩中。客春顧夫人遠向姬借閱此書，與龔奉常極贊其妙，促繡梓之，余即當忍痛為校讎鳩工，以終姬志」

云云。按乙酉五月以後為喪亂，九月以後又為疾厄，觀下文自明。此節雅興，必為乙酉春夏間事。

又云：「乙酉流寓鹽官，五月復值奔陷。余骨肉不過八口，去夏江上之累，緣僕婦雜沓奔赴，動至百口，又以笨重行李，四塞舟車，故不能輕身去。且來窺，此番決計置生死於度外，扃戶不他之。乃鹽官城中，自相殘殺，甚哄。兩親又不能安，復移郭外大白居。余獨令姬率婢婦守寓，不發一人一物出城，以貽身累。即侍兩親挈妻子流離，亦以孑身往。乃事不如意，家人行李紛沓，違命而出，大兵迫檇李，薙髮之令初下，人心益惶惶，家君復先去惹山，內外莫知所措。余因與姬決：『此番潰散，不似家園，尚有左右之者。而孤身累重，與其臨難捨子，不若先為之地。我有年友，信義多才，以子託之，此後如復相見，當結平生歡，否則聽子自裁，毋以我為念。』姬曰：『君言善。舉室皆倚君為命，覆命不自君出，君堂上膝下，有百倍重於我者，乃以我牽君之臆，非徒無益，而又害之。我隨君友去，苟可自全，誓當匍匐以待君回，脫有不測，與君縱觀大海，狂瀾萬頃，是我葬身處也。』方命之行，而兩親以余獨割姬為憾，復攜之去。自此百日，皆展轉深林僻路，茅屋漁艇，或月一徙，或日一徙，或一日數徙，飢寒風雨，苦不具述。卒於馬鞍山遇大兵，殺掠奇慘。天幸得一小舟，八口飛渡，骨肉得全，而姬之驚悸瘁瘏，至矣盡矣。」

又云：「秦溪蒙難之後，僅以俯仰八口免。維時僕婢殺掠者幾二十口，生平所蓄玩物及衣具，靡孑遺矣。亂稍定，匍匐入城，告急於諸友，即襆被不辦，夜假蔭於方坦庵年伯。方亦竄跡初回，僅得一氈，與三兄共裹臥耳房。時當殘秋，窗風四射。翌日，各乞斗米束薪於諸家，始暫迎二親及家累返舊寓。余則感寒，痢瘧沓作矣。橫白權扉為榻，去地尺許，積數破絮為衛，爐煨霜節，藥缺攻補。且亂阻吳門，又傳聞家難劇起，自重九後潰亂沉迷，迄冬至前僵死。一夜復甦，始待間關破舟，從骨林肉莽中，冒險渡江，猶不敢竟歸家園。暫棲海陵，閱冬春百五十日，病方稍痊。此百五十日，姬僅卷一破席，橫陳榻旁。寒則擁抱，熱則披拂，痛則撫摩；或枕其身，或衛其足，或欠伸起伏，為之左右翼，凡痛骨之所適，皆以身就之。鹿鹿永夜，無形無聲，皆存視聽。湯藥手口交進，下至糞穢，皆接以目鼻，細察色味，以為憂喜。日食粗糲一餐，與籲天稽首外，唯跪立我前，溫慰曲說，以求我之破顏。余病失常性，時發暴怒，詬誶之至，色不少忤，越五月如一日。每見姬星靨如蠟，弱骨如柴，吾母太恭人及荊妻憐之慼之，願代假一息。姬曰：『竭我心力，以殉夫子，夫子生而餘死猶生也。脫夫子不測，餘留此身於兵燹間，將安寄託？』更憶病劇時，長夜不寐，莽風飄瓦，鹽官城中，日殺數十百人，夜半鬼聲啾嘯，來我破窗前，如蛩如箭，舉室飢寒之人，皆辛苦齁睡。余背貼姬心而坐，姬以手固握余手，傾耳靜聽，淒激荒慘，唏噓流涕。姬謂余曰：『我入君門整四歲，蚤夜見君所為，慷慨多風義，毫髮幾微，不鄰薄惡，凡君受過之處，余敬之亮之，敬君之心，實逾於愛君之身。鬼神讚嘆畏避之身也，冥漠有知，定加默祐。但人生身當此境，奇慘異險，動靜備歷，苟非金石，鮮不銷亡，異日幸生還，當與君敝屣萬有，逍遙物外，慎毋忘此際此語。』」云云。坦庵者，方拱乾也。

按《憶語》僅言避兵，其實當時並避仇。吳梅村〈題董白小像〉又有云：「念家山破定風波，郎按新詞妾唱歌。恨殺南朝阮司馬，累依夫婿病愁多。」阮司馬指阮大鋮也。又其小引云：「則有白下權家，蕪城亂帥，阮佃夫刊章置獄，高無賴爭地稱兵，奔迸流離，纏綿疾苦，支持藥裹，慰勞羈愁。」據此，則以權家與亂帥並稱，阮佃夫與高無賴駢舉，同指為奔迸流離之原因，此可知甲申冬間之情事矣。

又梅村〈冒辟疆壽序〉：「甲申之亂，彼以攀附騶枋用，興大獄，修舊隙，定生為所得，幾填牢戶。朝宗遁之故鄣山中，南中人多為辟疆耳目者，跳而免。」又《侯朝宗年譜》：「甲申，阮大鋮復逮捕公，公渡江依史可法於揚州。乙酉，省司徒公於徽州，假道宜興，訪陳定生。阮大鋮廉得之，就定生舍逮公。大兵下江南，弘光出奔，明亡，公獄得解」云云。以其時考之，乙酉之春，阮禍方急，鹽官所投者為死友陳梁，當南都未破以前，巢民蹤跡，不敢自暴，非尋常避難之比，以故深居簡出，與小宛怡情翰墨。迨五月以後，則仇解而兵迫，乃真避亂時矣。

梅村小引又云：「苟君家免乎，勿復相顧；寧吾身死耳，遑恤其勞！」此即撮敘《憶語》中詞意。張明弼《董小宛傳》：「申酉崩坼，辟疆避難渡江，與舉家遁浙之鹽官，屢危九死。姬不以身先，則願以身後，寧使『兵得我則釋君，君其問我於泉府耳。』中間智計百出，保全實多」云云，此亦敷衍《憶語》而為之。世乃以其中「寧吾身死耳」句，「寧使兵得我」句，遂生無數疑團。豈知小宛之侍疾等事，皆在此後。張傳明言：「後辟疆雖不死於兵，而瀕死於病，姬凡侍藥不間寢食者，必百晝夜，事平，始得同歸故里」云云，則文意本甚明白，甚矣！好事者之故生支節也。

是年巢民由鹽官歸，渡江暫住海陵，以如皋方亂之故。《東華錄》：「順治二年乙酉十二月癸巳以後，書漕運總督王文奎奏：如皋賊首於錫凡、劉一雄等，久聚江海，為總兵官孔希貴、蘇見樂所擒，如皋一帶悉平。」癸巳為十二月十五。《東華錄》所謂賊首，即明之所謂遺民。如皋兵事，至歲杪乃有平靖之奏報，則可知冒氏於是冬逗留海陵之故矣。

順治三年丙戌春，巢民病未癒，至春暮乃起。是年小宛二十三歲，巢民三十六歲。

《憶語》無涉及是年事，唯巢民以乙酉深秋病，自冬涉春，歷百五十日乃愈，則知以是年春暮病起耳。世傳小宛為清豫王多鐸兵間攜之入宮。多鐸下江南，乙酉五月破南都，六月即入浙，十月班師還京。小宛之事巢民，事蹟固多在是年之後，即世言孀婦劉三秀事，傳者明謂其入宮，亦絕非豫王所掠致。豫王以二年十月還京，即不再南下，六年遽卒。三秀事據《過墟志》，亦至李成棟叛後，隨李家屬送南京。鄉曲流言，固多不足信也。

順治四年丁亥，巢民遭蜚語，幾殆。夏復病，歷兩月而解。於是江南多事，故明遺老，多有起兵受禍者。是年小宛年二十四歲，巢民年三十七歲。

《憶語》云：「丁亥讒口鑠金，太行千盤橫起人面，余胸墳五嶽，長夏鬱蟠，唯蚤夜焚二紙告關帝君。久抱奇疾，血下數鬥，腸胃中積如石之塊以千計，驟寒驟熱，片時數千語，皆首尾無端，或數晝夜不知醒。醫者妄投以補，病益篤，勺水不入口者二十餘日。此番莫不謂其必死，余心則炯炯然，蓋余之病不從境入也。姬當大火鑠金時，不揮汗，不驅蚊，晝夜坐藥爐傍，密伺余於枕邊足畔六十晝夜，凡我意之所及，與意之所未及，咸先後之。」

按《東華錄》：「丁亥四月辛卯，江寧巡撫土國寶奏蘇、松提督吳勝兆謀叛。五月己酉，初，故明廢紳侯峒曾等遣奸細潛通偽魯王，為柘林游擊陳可所獲，中有偽敕一道，反間招撫大學士洪承疇，及巡撫土國寶等。事聞，覺其詐，於是諭江寧等處昂邦章京巴山張大猷曰：『爾等鎮守地方，遇有亂萌及奸細往來，嚴察獲解，具見爾等公忠盡職。大學士洪承疇，巡撫土國寶，皆因致力我朝，故賊用間諜誣陷。總兵吳勝兆監收奸細謝堯文供稱，嘉定縣廢紳侯峒曾子侯懸瀞等，具逆疏付堯文，潛通魯王。爾等即將奸細謝堯文窩逆之孫梢，及有名各犯，拘提到官，公同大學士洪承疇，操江巡撫陳錦，嚴行審究具奏。』己未，招撫大學士洪承疇，奏故明推官陳子龍陰受偽魯王部院職銜，結連太湖巨寇，潛通舟山餘孽。」

以上皆丁亥四五月間事，其侯懸滌之疏，被獲於四月初四日，亦見《東華錄》中。懸滌後亡命投揚州天寧寺為僧以死，法名圓鑑。《梅村詩話》載圓鑑詩，不敢舉其故名，但稱為練川大家子者也。又按《有學集》，牧齋亦於丁亥三月晦日被急徵，至江寧下獄，旋釋之。巢民與遺老多通聲氣，此鑠金之口所由來歟？

順治五年戊子，患難初定。小宛有製金條脫，以摹天上流霞事，蓋稍自寬矣。是年小宛為二十五歲，巢民為三十八歲。

《憶語》云：「姬之衣飾，盡失於患難，歸來淡足，不置一物。戊子七夕，看天上流霞，忽欲以黃條脫摹之，命余書乞巧二字，無以屬對。姬曰：『曩於黃山巨室，見覆祥雲真宣爐，款式佳絕，請以覆祥對乞巧。』鐫摹頗妙。越一歲，釧忽中斷，復為之，恰七月也。余易書比翼連理。姬臨終時，自頂至踵，不用一金珠紈綺，獨留條脫不去手，以余勒書故。長生私語，乃太真死後憑洪都客述寄明皇者，當日何以率書，竟令長恨再譜也。」

順治六年己丑秋，巢民復病疽，閱百日乃瘳。小宛以三侍危疾，為諸家傳狀、詩文所豔稱，蓋至是為畢乃事矣。是年小宛年二十六歲，巢民年三十九歲。

《憶語》云：「己丑秋，疽發於背，復如是百日。余五年危疾者三，而所逢者皆死疾，唯余以不死待之。微姬力，恐未必能堅以不死也。今姬先我死，而永訣時唯慮伊死增余病，又慮余病無伊以相侍也。姬之生死，為余纏綿如此，痛哉痛哉！」

按小宛侍巢民裒集四唐詩，當創始於是年以前，至遲亦必在是年。《憶語》云：「余數年來，欲裒集四唐詩。」云數年來，則小宛以辛卯正月二日死，《憶語》即成於辛卯，知裒集之事，必不始於庚寅。又云：「編年論人，準之《唐書》。姬終日佐余稽查抄寫，細心商訂，永日終夜，相對忘言，閱詩無所不解，而又出慧解以解之。尤好熟讀《楚辭》，少陵、義山、王建、花蕊夫人、王珪、三家宮詞，等身之書，週迴座右，午夜衾枕間，猶擁數十家唐詩而臥。今祕閣塵封，余不忍啟，將來此志，誰克與終，付之一嘆而已。」

巢民以是年秋病疽。而重書「比翼連理」之條脫，據上述，在今年七月，則病在七月以後。

順治七年庚寅，正月二日，即有詩讖，為明年是日之咎徵。先是冒氏雖已歸里，而尚往來於鹽官，至是年三月，乃長去鹽官。龔芝麓在南中，與諸名士為巢民稱壽，篇什甚富，無不兼美小宛。三月杪，巢民又得凶夢，亦兆小宛之死。小宛與巢民論學，有論後漢陳仲舉、範、郭諸傳事，併為買侍兒吳扣扣。是年小宛為二十七歲，巢民為四十歲。

《憶語》云：「姬書法秀媚，學鐘太傅稍瘦，後又學曹娥。余每有丹黃，必對泓潁，或靜夜焚香，細細手錄，閨中詩史成帙，皆遺跡也。小有吟詠，多不自存。客歲新春二日，即為余抄選全唐五七言絕句，上下二卷」云云。和七歲女子詩，事已具前。

又云：「客春三月，欲長去鹽官，訪患難相恤諸友。至邗上，為同社所淹。時余正四十，諸名流咸為賦詩。龔奉常云云，事亦具前。他如園次之『自昔文人稱孝子，果然名士悅傾城』；於皇之『大婦同行小婦尾』；孝威之『人在樹間殊有意，婦來花下卻能文』；心甫之『珊瑚筆架香印靡，著富名山金屋尊』；仙期之『錦瑟峨眉隨分老，芙蓉園上萬花紅』；仲謀之『君今四十能高舉，羨爾鴻妻佐春杵』；吾邑徂徠先生『韜藏經濟一巢樸，遊戲鶯花兩閣和』；元旦之『蛾眉問字佐書幃』，皆為余慶得姬。詎謂我侑卮之詞，乃姬誓墓之狀耶？讀余此雜述，當知諸公之詩之妙。而去春不注奉常詩，蓋至遲之今日，當以血淚知隃麋也。」按小宛於乙酉撰《奩豔》，至是為顧夫人借閱，與龔奉常極贊其妙。《憶語》所謂客春，即此時事也，已見前引。

又云：「三月之杪，余復移寓友沂友雲軒，久客臥雨，懷家正劇。晚霽，龔奉常偕於皇、園次過慰留飲，聽小奚管絃度曲時，余歸思更切。因限韻各作詩四首，不知何故，詩中咸有商音。三鼓別去，余甫著枕，便夢還家，舉室皆見，獨不見姬。急詢荊人，不答，復遍覓之，但見荊人背余下淚，余夢中大呼曰：『豈死耶？』一慟而醒。姬每春必抱病，余深疑慮。旋歸，則姬固無恙。因間述此相告，姬曰：『甚異，前亦於是夜夢數人強余去，匿之幸脫，其人狺狺不休也。』詎知夢真而詩讖咸來先告哉？」

又云：「猶憶前歲，余讀東漢，至陳仲舉、範、郭諸傳，為之撫幾，姬一一求解其始末，發不平之色，而妙出持平之議，堪作一則史論」云云。友沂，趙開心子，名而忭。

陳其年〈吳姬扣扣小傳〉：「今年中秋後二日，綺歲正十九，先生將為飾孔翠，傅阿錫，備小星嘉禮焉。而先期一月，姬遂病，病一月遂死。先生哭之慟。」據此則扣扣歿時年止十九。又曰：「先生曰：『姬八歲從父受書，習戈法，英慧異常兒，舉止娟好，肌理如朝霞，眉嫵間作淺黛色，宛君見而憐之。私謂余曰：「是兒可念，君他日香奩中物也。」然姬性頗厭鉛華，十歲即守木叉戒，茹素，隨余母太恭人誦佛及《金剛經》，晨夕不輟，已知其再來人矣。而余自宛君新沒，香罏茗碗，拂拭無人，殘月曉風，徬徨四顧。暇時，偶憶宛君前言，內人復慫恿不置，十三四即留姬隨余讀書。』」據此，則扣扣八歲以前從父受書，未入冒氏。八歲始歸冒，而小宛猶在，且不云病時語。小宛死於辛卯正月初二，扣扣之來侍小宛，必在辛卯以前明矣。又《吳詩集覽》引辟疆〈蘭言〉云：「辛丑夏，余滯邗上。時閨中有小姬扣扣，寄小箋云：『見蘭之受露，感人之離思。』余歸戲詢曰：『那得此好句？』答云：『選賦「見紅蘭之受露」，我僅剪卻一紅字耳。』去今十六年，扣扣化影梅庵畔黃土矣。」據此則辛丑年扣扣猶在。扣扣年止十九，則辛丑必即扣扣之歿年。上溯庚寅，正為八歲，故知納扣扣為是年事也。影梅庵為小宛葬處，故《憶語》以此命名，詳下。

順治八年辛卯，正月二日，小宛死。是年小宛為二十八歲，巢民為四十一歲，而清太祖則猶十四歲之童年。蓋小宛之年長以倍，謂有入宮邀寵之理乎？當是時江南軍事久平，亦無由再有亂離掠奪之事。小宛死葬影梅庵，墳墓具在。越數年，陳其年偕巢民往吊有詩。迄今讀清初諸家詩文集，於小宛之死，見而挽之者有吳園次，聞而唁之者有龔芝麓，為耳目所及焉。

《陳其年詩集》有題云〈春日巢民先生挈舟約同務旃諸子過樸巢，並問影梅庵〉，自注題下云「庵為董姬葬處」。按其年以順治十五年戊戌始至如皋，戴務旃則以十六年己亥至，然則此詩必己亥以後之作。蓋據《其年集》，別有〈將發如皋，留別冒巢民先生〉詩，首云：「憶我過如皋，太母正懸帨。是為戊戌冬，層冰養寒厲。」中云：「湯餅宴未終，椒盤倏逾歲。新年戴生至，高齋日聯袂。」自注：「戴生，務旃也。」又云：「荏苒六七年，華軒命予憩。籲嗟數年中，舊事不堪計。」然則陳、戴同客冒氏，始於己亥之春，其後六七年，其年常在如皋，或亦與戴相偕，要必在己亥以往矣。小宛之死為正月二日，《憶語》共兩見，皆已見前。務旃為和州戴重子，名本孝，遺民也。

《林蕙堂集》有〈挽董少君四律並序〉。序言：「少君名白，字小宛，桃葉名媛也。」中敘始末，與諸家所述略同。末云：「某偶遊射雉，恰值騎鸞，見奉倩之神傷，為安仁而氣盡。」此可知園次乃親見而挽之者。其詩第二首云：「麻姑去後小姑閒，獨剩雙成又早還。」似巢民尚有他姬先逝者。

《結鄰集．龔芝麓與冒辟疆書》：「洞老至都，出示手翰，一時風雨颯然，玉碎珠銷，斷魂千古。弟於宛君如嫂，雖缺鬱金堂下一拜之緣，而玉蘭花底，醉瀋淋漓，猶彷彿歡場，宣揚幽蒨，至今美人雲氣，繚繞玳瑁之床。香魂有知，姍姍紫幄中，尚謂金蘭譜中人，有為助哭申籲，泣名花而悲曉露者，不可云非弟管幅之遭也。阮公鄰女之戚，情至不堪，況於我輩，骨肉關情，尤宜分痛。鍾退谷雲，好友在四方，而造物或收之，矧其在閨閣之中，天不憐才，遂令犀鈿蟬鬢，與文士平分鸚鵡之恨。道翁其姑念琉璃易碎，能少解黃塵碧海之鬱陶乎？《憶語》大刻，鍾情特至，展之不禁雪涕，沉香親刻管夫人，不是過也。誄詞二十餘言，宛轉悽迷，玉笛九回，霜猿三下矣。欲附數言於芳華之末，為沅澧招魂。劈箋探韻，絮語神傷，而蟋蟀哀音，轉多幽咽。屬思未竟，惆悵無端，徐之必有以祝桂旗而酹翠羽，未敢忘也。」此知芝麓乃聞而唁之者，函中涉及「《憶語》大刻」，則已在《憶語》刻成之後矣。洞老者趙開心，字洞門。

《同人集．吳園次影梅庵題詠》係駢體一文，律詩八首。《林蕙堂集》中止存四律，蓋其四為《園次集》外軼詩矣。中又有云：「可憐一片桃花土，先築鴛鴦幾尺墳。」則小宛明有葬地，在影梅庵中，與迦陵詩合。又石城周士章號吳昉者，〈和園次八律原韻〉中有句云：「咫尺郊南同絕塞，至今青塚不悲王。」則又指明墓地之所在。新城王西樵有〈巢民先生出吳梅村祭酒吊董少君十絕索和，勉成應教，殊慚牽率也〉一題，是為後來之作，詩亦十首，其第一首句云：「綺骨埋香十六年，春風墳草尚芊芊」，亦言其有墳。又周積賢〈悼亡賦序〉云：「如皋冒辟疆先生，天下士也，與余善其所愛妾日董氏，亦女中士也，美容色，工翰墨，善於事舅姑，相所天，歸辟疆九年而董氏卒。辟疆哀之，自為文以哀之，且命知舊作文以哀之，余遂賦焉。」賦中有云：「歷墓門而巡視兮，聽松柏之蕭蕭。」此亦明證其有墓存焉者也。

以上記小宛事，按年分列，曲折具務，可以掃近日秕說。又有妄引清初人詩，為不根之談者，附志以見其謬。

王漁洋有〈題冒辟疆姬人圓玉女羅畫三首〉，第二首云：「記取凌波微步來，明珠翠羽共徘徊。洛川淼淼神人隔，空費陳王八斗才。」說者以是指圓玉女羅為小宛之廋詞，謂漁洋至不敢明言小宛，而謬為圓玉女羅之名，一若冒氏姬人僅一小宛也者，不考孰甚？至此詩自注「水仙」二字，蓋二姬雜畫，漁洋偶題其三，首題疏篁寒雀，次水仙，次則蘋花戲魚也。

陳其年〈壽冒巢民先生七十〉詩，末云：「插花獻㝵者誰子，此是紅閨雙畫師。」自注：「先生有兩姬人，善丹青。」則當巢民七十時尚有此善畫之兩姬。若小宛之畫，既見《憶語》，又見梅村詩，當時固亦擅此。然漁洋之識巢民，已在作揚州推官時，題此畫之年，《集》又明載為丙辰，則為康熙十五年，與巢民七十之年近矣。

阮文達《廣陵詩事》：「辟疆姬人繼小宛後者，有蔡女羅含，嘗學繪事，工蒼松、墨鳳、山水、禽魚、花草，與金姬曉珠，稱兩畫史。吳園次〈謝女羅畫鳳啟〉云：『借丹穴之靈毛，圖成比翼；用紅窗之偶影，繪作雙棲。』錢武子德震、張孺子圯授皆有〈墨鳳歌〉。戴洵有〈得全堂觀畫松歌〉，句云：『憑君卷藏畫笥裡，晴空恐有蛟龍起。舒張鱗爪挾以飛，吸盡蓬萊清淺水。』李書雲亦有詩云：『詠絮才高兄子句，簪花格擅美人工。小窗閒作丹青譜，身在花香百和中。』曉珠名玥，崑山人，與女羅繼小宛侍辟疆。蔡早逝，爐香茗碗，辟疆賴之，嘗刲股進藥，使七十八老人再生。汪舟次楫跋《巢民楷書〈洛神賦〉曉珠手臨〈洛神圖〉卷後》云：『玉峰仙子，畫嗣虎頭，金粟後身，書工蠆尾。置兩君於異地，並可空群；聚二美於一堂，斯稱合璧。園名水繪，宜來河洛之神；翁是巢民，應集鸞皇之侶。呼宓妃而欲出，誰誇北殿維摩；驚褚令之猶存，不數南宮博士。』吳園次〈乞曉珠畫洛神啟〉云：『金縷遺魂，夢感陳王之枕；採旄含態，香生王令之書。人但賞其清詞，世罕傳於妙跡。何期藻管，近出蘭閨；花欲言情，波如動影。依稀蓮襪，凌千頃而姗姗；彷彿桂旗，望三秋而渺渺。想見臨池染翰，原寫照於當身；定知拂鏡穿衫，必含情於微步。』又〈題曉珠畫盜盒圖．臨江仙〉云：『雪夜燒燈浮綠酒，西園賓客重來。掃眉人有不凡才。筆床翡翠，妝罷寫幽懷。兒女英雄誰復問，人間多少塵埃。解圍忙煞小金釵。神仙來去，一葉墜庭階。』王阮亭尚書亦有〈題曉珠雜畫〉三絕句。又汪蛟門有〈題巢民玉山夫人臨薛少保稷十一鶴圖〉詩云：『少保青田姿，能為鶴寫真。意思本冰雪，自然無纖塵。豈知千載後，乃有如花人。重貌十一鶴，磊落意態新。高步肆飲啄，一一傳其神。我聞水繪翁，近與猿鶴鄰。閨中兩小妻，莊如舉案賓。持我前上壽，勸酒寧辭頻。飢茹黃公芝，渴飲長沮津。低頭看雁鶩，紛紛焉能馴。』玉山疑即金姬，蓋金名玥，玉山或其別號耳。」

據此，則女羅為蔡氏，而圓玉當即金姬。文達疑汪蛟門所云玉山夫人為即金，余又疑玉山即圓玉也。吳園次《林蕙堂集》，兩啟本稱金少君、蔡少君，巢民兩姬人同時以畫名者，必為金、蔡無疑。蔡父名孟昭，陳其年贈序，稱之以游俠，末言「生老而無子，一女名含，甚明慧，知書，以三世交，歸冒巢民先生，今且依先生以居」云，則女羅之家世為尤可詳矣。

特巢民側室，尚不止前所舉諸女。韓元少《有懷堂集．潛孝先生冒徵君墓誌銘》稱「先生有女一，適諸生洪必貞，側室張出。其二子嘉穗、丹書，則皆配蘇夫人出」。蓋姬妾雖多，皆無所出，且皆前死，故元少輓詩有「白楊未種俱消歇，何處春風燕子樓」之句。議者又以韓此詩為疑竇，為即小宛入宮之證，殊不可解。

右駁正各條，皆以編年可證時事者舉之，其餘各家及《憶語》中，詳述小宛之文藝婦工，足資談助者，皆未暇及，唯舉一二有關係之事附於後。

小宛有妹曰董年，《板橋雜記》曰：「董年秦淮絕色，與小宛姊妹行，豔冶之名，亦相頡頏。鐘山張紫澱作〈悼小宛〉詩，中一首曰：『美人在南國，余見兩雙成。春與年同豔，花推月主盟。蛾眉無後輩，蝶夢是三生。寂寂皆黃土，香風付管城。』」

《貳臣傳》，龔鼎孳入清，以順治二年補太常寺少卿，三年即丁父憂出京，以請封典事為言官所糾，降二級，遂徜徉在外，九年始原官。當庚寅、辛卯之間，正龔與其妾顧橫波浪跡南中時也。庚寅春，顧向小宛借《奩豔》，而龔繩小宛以壽巢民。《板橋雜記》云：「顧眉生既屬龔芝麓，百計求嗣，而卒無子，甚至雕異香木為男，四肢俱動，錦綳繡褓，顧乳母開懷哺之，保母褰襟作便溺狀，內外通稱小相公，龔亦不之禁也。」時龔以奉常寓湖上，杭人目為人妖，正當時事。後龔於丁酉重遊金陵，借顧寓市隱園，為顧祝生辰，遍召舊時狎客及南曲姊妹行與燕，門人嚴某赴浙監司任，為眉生褰簾長跪，捧卮稱賤子上壽，事亦見《板橋雜記》。時已稱尚書，非復奉常故官矣。唁小宛之書，發自京邸，正其赴闕補原官時事。

《憶語》云：「姬初入吾家，見董文敏為余書〈月賦〉，仿鍾繇筆意者，酷愛臨摹。嗣遍覓鍾太傅諸帖學之。閱〈戎輅表〉，稱關帝君為賊將，遂廢鍾學《曹娥碑》。」〈戎輅〉帖為世所寶，亦為尊關帝者所詬病，小宛乃以廢棄示趨向，關壯繆之得崇信於後世者深矣。

巢民六十歲時，其婦蘇氏尚存，見梅村序文，是為康熙九年庚戌。蘇與巢民同歲。梅村序中言之。據韓慕廬《潛孝先生墓誌》，則巢民以六十二齡喪其元配蘇，是蘇亡亦為六十二歲。巢民卒於康熙癸酉十二月，壽八十三歲，克享大年。一生不廢聲色之好，水繪群芳，宜其先謝，蓋如袁祖之閱世，其妻妾皆無有儷之者矣。慕廬〈挽如皋冒徵君巢民〉詩六章，其第四云：「載得佳人字莫愁，染香亭子木蘭舟。繭絲待久方成匹，紈扇無緣得聚頭。花鳥湘中餘粉墨，（自注：『染香湘中皆姬所居。』）人琴座上亦山丘。白楊未種俱銷歇，何處春風燕子樓。」情事可想。前述各條，小宛死於順治辛卯，扣扣死於康熙辛丑。女羅與曉珠，據迦陵詩，巢民七十之年，尚有紅閨兩畫師在。漁洋〈康熙丙辰題畫〉正在其前四年。《廣陵詩事》則謂巢民七十八歲病劇，女羅已前歿，獨曉珠刲股療之，是年為康熙戊辰。再閱五年而巢民卒。其間或曉珠又先驅地下乎？慕廬輓詩第一章云：「春光雜樹亂飛鶯，風月揚州舊主盟。人到老成常易盡，命應多難輒更生。（自注：『先生屢絕復甦。』）暮年枯柳悲開府，天上芙蓉失曼卿。最是夜闌燈灺後，白頭往往說西京。」第二章云：「南朝瓊樹久埃塵，桃葉當年燕賞頻。青眼詞人高入座，紅銷狎客避逢嗔。（自注：『先生曾於高會唾罵阮司馬。』）風流咳唾真名士，離亂滄桑一堂人。墨妙筆精餘遺興，玉山鐵笛是前身。」第五章云：「秣陵一曲即霓裳，詞客哀遲合斷腸。最恨飛箋傳燕子，更憐摻鼓入漁陽。

（自注：『《燕子箋》劇，為司馬筆，先生晚年喜令大菊摻漁陽鼓。』）善才不死輕投跡，（自注：『謂大菊。』）賀老猶存久擅場。（自注：『謂朱老音仙。』）浮世偃師從變幻，梨園散盡月如霜。」讀此諸什，覺巢民身繫世變，以處士而通兩代名流聲氣之郵，高節盛名，修齡豪氣，真足令千秋傾想矣。

《憶語》中巢民所先眷之陳姬，既證其為即陳圓。則陳圓之於咸畹，於吳藩，世無不知之。其於巢民一段香火情，世不復憶及。順、康間，吳藩方熾，詞人不敢道其舊歡。後則陳亦已成大名，少年事不足談矣。今據《憶語》補列之，附於末尾，亦一談助。

《憶語》云：「辛巳早春，余省覲去衡嶽，由浙路往，過半塘訊姬，則仍滯黃山。許忠節公赴粵任，與余聯舟行，偶一日赴飲歸，謂餘曰：『此中有陳姬某，擅梨園之勝，不可不見。』余佐忠節治舟，數往返，始得之」云云。據此，則巢民識小宛在先，而無深契，訪之數不相值，乃聞陳姬之名。曰陳姬某而不直書其名，當時即為吳藩諱也，不然，何所吝而不記其實耶？

又云：「其人淡而韻，盈盈冉冉，衣椒繭時，背顧湘裙，真如孤鸞之在煙霧。是日演弋腔紅梅，以燕俗之劇，咿呀啁哳之調，乃出之陳姬身口，如雲出岫，如珠在盤，令人欲仙欲死。漏下四鼓，風雨忽作，必欲駕小舟去，余牽衣訂再晤。答云：『光福梅花，如冷雲萬頃，子能越旦偕我遊否？則有半月淹也。』余迫省覲，告以不敢遲留故，復云：『南嶽歸棹，當遲子於虎疁叢桂間。』蓋計其期八月返也。余別去。恰以觀濤日奉母回至西湖，因家君調已破之襄陽，心緒如焚。便訊陳姬，則已為竇霍豪家掠去，聞之慘然。及抵閶門，水澀舟膠，去滸關十五里，皆充斥不可行。偶晤一友，語次有『佳人難再得』之嘆。友云：『子誤矣！前以勢劫去者，贋鼎也。某之匿處，去此甚邇，與子偕往。』至果得見，又如芳蘭之在幽谷也。相視而笑曰：『子至矣！子非雨夜舟中訂芳約者耶？曩感子殷勤，以凌遽不獲訂再晤，今幾入虎口得脫，重晤子，真天幸也。我居甚僻，復長齋，茗碗爐香，留子傾倒於明月桂影之下，且有所商。』余以老母在舟，緣江楚多梗，率健兒百餘護行，皆住河干，矍矍欲返。甫黃昏而炮械震耳，擊炮聲如在余舟旁，亟星馳回。而中貴爭持河道，與我兵鬥，解之始去。自此余不復登岸。越旦，則姬淡妝至，求謁吾母太恭人，見後仍堅訂過其家。乃是晚，舟仍中梗，乘月一往相見，卒然曰：『余此身脫樊籠，欲擇人事之。終身可託者，無出君右，適見太恭人，如覆春雲，如飲甘露，真得所矣，子毋辭。』余笑曰：

『天下無此易易事。且嚴親在兵火，我歸，當棄妻子以殉。兩過子，皆路梗中無聊閒步耳。子言突至，余甚訝，即果爾，亦塞耳堅謝，無徒誤子。』復宛轉云：『君倘不終棄，誓待君堂上晝錦旋。』余答云：『若爾，當與子約。』驚喜申囑，語絮絮不悉記，即席作八絕句付之歸。歷秋冬，賓士萬狀，至壬午春」云云。此下接巢民尊人得量移事，已見前。

鈕玉樵《觚．圓圓傳》：「崇禎末，流氛日熾。秦豫之間，關城失守，燕都震動。而大江以南，阻於天塹，民物晏如，方極聲色之娛，吳門尤盛。有名妓陳圓圓者，花明雪豔，獨出冠時。維時田妃擅寵，兩宮不協。烽火羽書，相望於道，宸居為之憔悴。外戚周嘉定伯，以營葬歸蘇，將求色藝兼絕之女，由母后進之，以紓宵旰憂，且分西宮之寵。因出重資購圓圓，載之以北，納於椒庭。一日侍後側，上見之，問所從來，後對：『左右供御，鮮同裡順意者，茲女吳人，且嫻昆伎，令侍櫛盥耳。』上念國事不甚顧，遂命遣還，故圓圓乃歸周邸。」

按巢民所記陳姬之被劫而未去，在十四年辛巳之秋。劫而卒去，在十五年壬午之春。考《明史．田貴妃傳》，以十五年七月卒，則周邸思分其寵，必在妃未死以前，故圓圓入宮，至遲不過壬午之春夏。又《圓圓傳》稱崇禎末，又稱秦豫之間，關城失守，則周奎之蓄意選色，必在崇禎十三四年之間。再檢《明史．莊烈帝紀》，崇禎十三年十二月，「李自成自湖廣走河南，飢民附之，連陷宜陽、永寧，殺萬安王採䥶，陷偃師，勢大熾」。又十四年春正月己丑，「總兵官猛如虎追張獻忠及於開縣之黃陵城，敗績，參將劉士傑等戰死，賊遂東下。丙申，李自成陷河南，福王常洵遇害，前兵部尚書呂維騏等死之」。二月庚戌，「張獻忠陷襄陽，襄王翊銘、貴陽王常法並遇害，副使張克儉等死之。戊午，李自成攻開封，周王恭枵、巡按御史高名衡拒卻之。乙丑，張獻忠陷光州」。凡此所云，皆秦豫之間關城不守之事實也。則周奎之歸葬購陳，自必在辛巳夏秋以後。按其時序，與巢民《憶語》吻合，故知陳姬之必為陳圓。陳工演劇，《憶語》極稱之，周後亦以此繩於思宗，皆可證也。

# 世宗入承大聯考實

世稱康熙諸子奪嫡，為清代一大案，因將世宗之嗣位，與雍正間之戮諸弟，張皇年羹堯及隆科多罪案，皆意其併為一事，遂墜入五里霧中，莫能了其實狀。夫嫡之為嫡，二阿哥胤礽也。聖祖三立後，唯元後孝誠後有子，殤其一，名承祜，長大者一，即胤礽，後更無嫡出子。胤礽之立為太子，從立嫡古訓也。其奪嫡也，先之以大阿哥胤提，則用魔道，是以有第一次之廢儲。發覺以後，青宮復建，胤提永禁，事在康熙中，處分已畢，不入雍正時兄弟相戕案內。繼之以八阿哥胤禩之陰謀，內外黨與甚盛，太子卒廢，諸陰謀者亦為聖祖所忌，卒亦不遂所欲。聖祖末年，諸王大臣所默喻上意知為將來神器之所歸者，乃十四阿哥胤禵。胤禵為世宗同母弟。世宗於奪嫡事實無所預。而雍正間翦滅諸弟，輒牽涉胤禩奪嫡，而又非為故太子洩忿。就官書之布在耳目間者觀之，唯覺其事外有事，所謂假手焉爾。故宮發現祕檔，仍是用此為轇轕。而世宗所以有慚德者何在?因其內疚而激為殘忍者何所變演?稽諸故牘，一一可見，初不在新發見之密檔中。世尚無能言其曲折者，用臚敘以與天下共見之。

今有一語應先宣告者，凡歷代實錄所載，其直接關係帝王本身事者，為最難得實。嗣主得位，出於常軌之外者，往往故暴先朝之過惡，而唯恐不盡。若金世宗之於海陵，明成祖之於建文無論矣。即嘉靖之於正德，授受之間，本無仇怨，然武宗失德，直書於實錄者獨多。清一代自德宗以前，皆父子相承，有述作而無同異，故後王修前代實錄，覲光揚烈，務使祖宗功德，有大醇而無小疵。加以清之列帝，敬天法祖之盛心，超越往代。往代重修實錄，為政治之變故，若永樂間之再修三修《太祖實錄》，為時君自掩其篡逆之罪，天啟間之改修《三朝要典》，為大權落奄人之手，椓喪國本，而網盡清流，其改實錄之舉動，赫赫在人耳目，人亦得而注意之。清之改實錄，乃累世視為家法。人第知清初國故，皆高廟所刪汰僅存，殊不知清列朝實錄，直至光緒間猶修改不已。其經蔣氏《東華錄》所錄者，固已異於王《續錄》時所見之本。而王錄成於光緒十年，偶一與實錄庫中之官本實錄對勘，又刪去重要史實甚夥，且非重要之史實，原無事乎刪也。後於徵引時當隨文指出，今姑不及備舉。但欲引實錄而文為《東華錄》所有者，寧取《東華錄》，觀者勿疑其用私家著述為因陋就簡也。

《東華錄》：康熙六十一年十月癸酉（二十一日），「上幸南苑行圍」。十一月戊子（初七日），「上不豫，自南苑回駐暢春園」。庚寅，「上因聖躬不豫，十五日南郊大祀，特命皇四子和碩雍親王恭代。皇四子以聖躬違和，懇求侍奉左右。上諭郊祀上帝朕躬不能親往，特命爾恭代，齋戒大典，必須誠敬嚴恪，爾為朕虔誠展祀可也。皇四子遵旨於齋所致齋」。辛卯壬辰癸巳，皇四子遣護衛太監至暢春園候請聖安。「甲午（十三日），丑刻，上疾大漸，命趣召皇四子於齋所，諭令速至，南郊祀典著派公吳爾占恭代。寅刻，召皇三子誠親王允祉、皇七子淳郡王允祐、皇八子貝勒允禩、皇九子貝子允禟、皇十子敦郡王允䄉、皇十二子貝子允祹、皇十三子允祥、理藩院尚書隆科多，至御榻前諭曰：『皇四子人品貴重，深肖朕躬，必能克承大統，著繼朕登基，即皇帝位。』皇四子聞召馳至。巳刻，趨進寢宮。上告以病勢日臻之故。是日，皇四子三次進見問安。戌刻，上崩於寢宮」。（以上據王錄，蔣錄較簡而事實無變動，不復載。）

實錄所書世宗得嗣帝位之由，以受聖祖之末命。聖祖末命，在崩御日之寅刻。至巳刻而世宗入寢宮，臨病榻，聖祖尚能親告以病勢日臻之故（「臻」字世宗諭旨作「增」）。則其語必甚詳，非病革不能發言情狀。又自寅至戌，歷時凡八，其間已宣露天位之有屬，豈不聲聞於外，道路皆知，然按之世宗自述之諭旨，則不然也。

《大義覺迷錄》有諭旨一道，因其為各本《雍正諭旨》所不收，又非實錄所載，故不能的知其降旨之日，大約在雍正七年九月間，與頒布《大義覺迷錄》之諭相連屬。頒布《大義覺迷錄》，在七年九月癸未（二十三日），此可以約計其日矣。諭中言：「康熙六十一年十一月冬至之前，朕奉皇考之命，代祀南郊。時皇考聖躬不豫，靜攝於暢春園。朕請侍奉左右，皇考以南郊大典，應於齋所虔誠齋戒，朕遵旨於齋所致齋。至十三日，皇考召朕於齋所。朕未至暢春園之先，皇考命誠親王允祉、淳親王允祐、阿其那、塞思黑、允䄉、公允祹、怡親王允祥、原任理藩院尚書隆科多至御榻前諭曰：『皇四子人品貴重，深肖朕躬，必能克承大統，著繼朕即皇帝位。』是時唯恆親王允祺以冬至命往孝東陵（世祖廢后以後，所立之孝惠后，未與先祖合葬。陵別名孝東）行禮，未在京師。莊親王允祿、果親王允禮、貝勒允禑、貝子允禕俱在寢宮外祗候。及朕馳至問安，皇考告以症候日增之故，朕含淚勸慰。其夜戌時，龍馭上賓，朕哀慟號呼，實不欲生。隆科多乃述皇考遺詔，朕聞之驚慟，昏僕於地。誠親王等向朕叩首，勸朕節哀，朕始強起辦理大事。此當日之情形，諸兄弟及宮人內侍與內廷行走之大小臣工，所共知共見者。夫以朕兄弟之中，如阿其那、塞思黑等，久蓄邪謀，希冀儲位，當茲授受之際，伊等若非親承皇考付朕鴻基之遺詔，安肯帖無一語，俯首臣伏於朕之前乎？」

據此則傳位之遺詔，世宗於聖祖既崩之後，始由隆科多述而知之。而謂隆與諸皇子同以是日寅刻受詔，在世宗未至寢宮之前。何以既至以後，聖祖方口語便利，能縷述病勢日增之故，而不一及付託之意乎？且是日世宗三次進見問安，則舒緩如平時之微恙護視，絕非將屬纊時舉扶迫切之態，聖祖可以自達其意之機會甚寬，而竟以大位相授一事，遺忘不語乎？抑未絕之頃，猶守祕密而不告本人乎？若云祕之，則諸子知之矣，隆科多知之矣，獨不使受遺之人得知，此豈在情理之內？又況允禩、允禟，世宗所醜詆為阿其那、塞思黑者，與夫允䄉為世宗之三憾，世宗既言其久蓄邪謀，希冀儲位，而今忽聞末命，大寶有屬，又豈能代為守祕，而兄弟間若無其事乎？夫其兄弟間之不聞其事，亦於世宗諭旨證之。

《上諭八旗》：雍正八年五月初七日，怡親王仙逝，悲慟諭後。初九日又諭，失此柱石賢弟，德行功績，難以列舉。中有云：「又如果親王在皇考時，朕不知其居心，聞其亦被阿其那等引誘入黨。及朕御極後，隆科多奏云：『聖祖皇帝殯天之日，臣先回京城，果親王在內值班，聞大事出，與臣遇於西直門大街。告以聖上紹登大位之言，果親王神色乖張，有類瘋狂。聞其奔回邸第，並未在宮迎駕伺候』等語。朕聞之甚為疑訝。是以差往陵寢處暫住以遠之。怡親王在朕前極稱果親王居心端方，乃忠君親上深明大義之人，力為保奏。朕因王言，特加任用。果親王之和平歷練，臨事通達，雖不及怡親王，而公忠為國，誠敬不欺之忱，皎然可矢天日。是朕之任用果親王者，實賴王之陳奏也。」

據此諭，則知聖祖大事後，未奉大行還內以前，隆科多先馳入京。而果親王允禮亦已聞大事而出，將奔赴暢春園，遇隆科多於西直門大街，始聞世宗紹登大位之說於隆科多之口，一驚至於有類瘋狂。父死不驚，唯四阿哥嗣位則驚而欲瘋也。是凶問到京，而嗣主之問猶未到也。是阿其那等並無一傳訊於兄弟間，仍憑隆科多一語而始露也。是在園在京所得傳位之末命，皆出於隆科多之口也。夫允禮之見用，由怡親王力保，允禮見獎於世宗，則緣能承世宗之意旨，首先搏擊未敗之阿其那，則所謂「公忠為國，誠敬不欺」之褒語，當知所由致也。此亦可用《上諭八旗》證之。雍正二年三月十三日，鑲紅旗滿洲都統多羅果郡王允禮等將工部知會該旗文內，抬寫廉親王之處參奏。奉上諭：「如此方是。甚屬可嘉。王大臣所行果能如此，朕之保全骨肉，亦可以自必矣。將此奏交該部察議，並將朕此旨，令文武大臣等咸各閱看。如有腹誹之人，伊之居心豈不自知，自有上天鑑之。特諭」云云。阿其那是時尚為廉親王，工部之行文抬寫親王，亦必不自當日始，允禮特假世宗所欲摧折之人而發之，自是公忠誠敬之所表見矣。

隆科多所受者為末命，而世宗諭中，言其所傳者為遺詔，可知傳位之命，至聖祖崩後方出，則謂與諸王子同受命於崩日之寅刻者，後來修實錄時所斟酌而出，非當時實狀也，其實狀奈何？仍以世宗諭旨證之。

雍正七年十月戊申，《東華錄》中有一長諭，凡千餘言，為曾靜案而發。曾靜服膺呂留良，內中國，外夷狄，思故明，仇滿族，而諭中曲宥曾靜，獨恨恨於阿其那、塞思黑。夫此二人，縱極仇視世宗，何至為種族相仇之禍首，僅讀《東華錄》，孰不懷疑？逮證以《大義覺迷錄》，乃知《東華錄》所存，僅其首尾，中間正是世宗私德，而以傳位一事，獨為正確之祕密。世宗唯信其漏洩者為相嫉之諸弟，而洩之於諸弟者即隆科多，故隆科多與諸弟皆獲重譴。始以為已消弭於肘腋之地，逮曾靜案發，而後知已通國流聞。故一見曾靜之所謂逆書，即確信非曾靜所能自造，窮追謠諑之本，必獲阿其那等線索而後已。而又自以為濟之以雄辯，廣之以刊版，行之以官力，借庠序為宣傳，與宣講聖諭廣訓等，為師儒之職掌，從此可以釋天下之疑，而明己之無此過咎，故心感曾靜之與以宣傳機會，心焉袒之。然後知曾靜一案，世言為種族之見，乃乾隆以來高宗所再布之疑陣，非是案之本情也。

前言聖祖傳位於四阿哥之遺詔，實錄言崩日寅刻所發，用世宗諭文，已證明為戌刻聖祖崩後，始入受傳者之耳，為不近情。夫證以一諭之文義，猶或可云意有出入，今再以一諭證之。雍正二年八月壬辰（上諭內閣作八月二十二），《東華錄》所載諭文中有云：「前歲十一月十三日，皇考殯天之後，朕纘承大業，授受之際，中外敉寧，以承國家之善慶」云云。此數語平淡無奇，無可據為受遺時刻之定讞。《上諭內閣》中載此諭，則未入實錄之先，原作「朕纂者不特無意於大位，心實苦之。前歲十一月十三日，皇考殯天之後，方宣旨與朕。朕豈可明知而任國家之擾亂乎？不得已纘承大業。皇考聖明，凡事預定，所以大業授受之際，太平無事，以成國家之善慶」云云。據此刪改之跡，修實錄已知受遺詔於隆科多之口，為大嫌疑，故有此筆削。而世宗唯舍日欲之又必為之辭，遂留若干罅隙於後世，供人評騭。《傳》云：「吉人之辭寡，躁人之辭多。」世宗唯欲以宣傳救事實，轉蹈言多必失之弊。孝子慈孫，欲為補救，而筆舌之流播太廣，顧此失彼，方注意於實錄之掩飾，又不意《上諭內閣》之上半部已刊行於雍正九年以前。古云「萬言萬當，不如一默」，又況本係作偽，安怪其心勞日拙乎！此諭中又有「蘇努等懷挾伊祖舊仇，專意離間宗支，使互有煩言，人人不睦」等語。蘇努為太祖長子褚英之玄孫。褚英佐太祖併吞同種，以功授「洪巴圖魯」號，又稱廣略貝勒。天命將改元前，為太祖所誅。明人記載謂洪巴圖魯諫太祖叛明，遂殺之而後僭號。康熙雍正兩朝實錄，屢言褚英之後專復祖仇，挑撥於諸皇子之間。其實蘇努輩皆祖允禩、允禵等，不甘心於世宗之巧取，世宗所仇，而加以遠年恩怨之牽合。《聖祖實錄》即世宗所修，凡因諸皇子所發不近情之言，或出世宗之意，不敢信為聖祖真面目也。此事當別論，不能盡於本篇之內。唯七年十月戊申一諭，為隆科多受遺世宗承統之要證，今存庫實錄，盡沒其文，《東華錄》尚得其節本。今錄《覺迷錄》全文，以供論證：

「上諭：自古凶頑之徒，心懷悖逆，語涉詆誣者，史冊所載，不可列舉。然如今日曾靜此事之怪誕離奇，譸張為幻，實從古所未見，為人心之所共忿，國法之所斷不可寬者。然朕往復思之，若伊訕謗之語，有一事之實在朕有幾微不可問心之處，則不但曾靜當蓄不臣之心，即天下臣民，亦應共懷離異之志。若所言字字皆虛，與朕躬毫無干涉，此不過如荒山窮谷之中，偶聞犬吠鴞鳴而已，又安得謂之訕謗乎？上年此事初發之時，朕即坦然於懷，實無絲毫忿怒之意，笑而覽之，此左右大臣皆深知之。嗣令侍郎杭奕祿副都統海蘭前往湖南，拘曾靜到案，明白曉諭，逐事開導，動以天良，祛其迷惑，而伊始豁然醒悟，悔過感恩。其親筆口供不下數萬言，皆本於良心之發見，而深恨從前之誤聽浮言，遂妄萌悖逆之念，甘蹈赤族之誅也。蓋其分別華夷中外之見，則蔽錮陷溺於呂留良不臣之邪說；而其謗及朕躬者，則阿其那、塞思黑、允、允禵等之逆黨奸徒，造作蜚語，布散傳播，而伊誤信以為實之所致。自上年至今，已將一載，朕留心體察，並令內外大臣，各處根究。今此案內著邪書造謗言之首惡，俱已敗露，確有證據，並不始於曾靜者，盡明白矣。與朕初意毫無差謬，則曾靜之誤聽，尚有可原之情，而無必不可寬之罪也。（據曾靜供稱，伊在湖南，有人傳說，先帝欲將大統傳與允禵，聖躬不豫時，降旨召允禵來京，其旨為隆科多所隱。先帝殯天之日，允禵不到，隆科多傳旨，遂立當今。其他誣謗之語，得之於從京發遣廣西人犯之口者居多等語。又據曾靜供出，傳言之陳帝錫、陳象侯、何立忠三人，昨從湖南解送來京，朕令杭奕祿等訊問，此等誣謗之語，得自何人。陳帝錫等供稱，路遇四人，似旗員舉動，憩息郵亭，實為此語。其行裝衣履，是遠行之客，有跟隨擔負行李之人，言從京師王府中來，廣東公幹等語。查數年以來，從京發遣廣西人犯，多係阿其那、塞思黑、允禩、允禵門下之太監等匪類，此輩聽伊主之指使，到處捏造，肆行流布。現據廣西巡撫金鉷奏報，有造作逆語之凶犯數人，陸續解到。訊據逆賊耿精忠之孫耿六格供稱，伊先充發在三姓地方，時於八寶家中，有太監於義、何玉柱，向八寶女人談論，聖祖皇帝原傳十四阿哥允禵天下，皇上將『十』字改為『于』字。又云聖祖皇帝在暢春園病重，皇上就進一碗人蔘湯，不知何如，聖祖皇帝就崩了駕，皇上就登了位。隨將允禵調回囚禁，太后要見允禵，皇上大怒，太后於鐵柱上撞死，皇上又把和妃及他妃嬪，都留於宮中等語。又據達色供，有阿其那之太監馬起雲，向伊說皇上令塞思黑去見活佛，太后說何苦如此用心，皇上不理跑出來，太后怒甚，就撞死了，塞思黑之母親亦即自縊而亡等語。又據佐領華賚供稱，伊在三姓地方為協領時，曾聽見太監關格說，皇上氣憤母親陷害兄弟等語。八寶乃允　管都統時用事之鷹犬，因抄搶蘇克濟家私一案，聖祖皇帝特行發遣之惡犯，何玉柱乃塞思黑之心腹太監，關格係允　親信之太監，馬起雲係阿其那之太監，其他如允禵之太監馬守柱，允　之太監王進朝、吳守義等，皆平日聽受阿其那等之逆論，悉從伊等之指使，是以肆行誣捏，到處傳播流言，欲以搖惑人心，洩其私忿。昨據湖南巡撫趙弘恩等一一查出奏稱，查得逆犯耿六格、吳守義、馬守柱、達色、霍成等，經過各處，沿途稱冤，逢人訕謗，解送之兵役，住宿之店家等，皆共聞之。凡遇村店城市，高聲呼招：『你們都來聽新皇帝的新聞，我們已受冤屈，要向你們告訴，好等你們向人傳說。』又云：『只好問我們的罪，豈能封我們的口』等語。是此等鬼蜮之伎倆，一無所施，蓄心設謀，唯以布散惡言，為煽動之計，冀僥倖於萬一而已。夫允禵平日素為聖祖皇考所輕賤，從未有一嘉予之語。曾有向太后閒論之旨：『汝之小兒子，即與汝之大兒子當護衛使令，彼亦不要。』此太后宮內人所共知者，聖祖皇考之鄙賤允禵也如此。而逆黨乃云聖意欲傳大位於允禵，獨不思皇考春秋已高，豈有將欲傳大位之人，令其在邊遠數千里外之理，雖天下至愚之人，亦知必無是事矣。只因西陲用兵，聖祖皇考之意，欲以皇子虛名坐鎮，知允禵在京毫無用處，況秉性愚悍，素不安靜，實藉此驅遠之意也。朕自幼蒙皇考鍾愛器重，在諸兄弟之上，宮中何人不知，及至傳位於朕之遺詔，乃諸兄弟面承於御榻之前者，是以諸兄弟皆俯首臣伏於朕前，而不敢有異議。今乃云皇考欲傳位於允禵，隆科多更改遺詔，傳位於朕，是尊允禵而辱朕躬，並辱皇考之旨，焉有不遵上帝皇考之誅殛者乎？朕即位之初，召允禵來京者，當時朕垂涕向近侍大臣云：『痛值皇考升遐大故，允禵不得在京，何以無福至此，應降旨宣召，俾得來京，以儘子臣之心。』此實朕之本意，並非防範疑忌而召之來也。以允禵之庸劣狂愚，無才無識，威不足以服眾，德不足以感人，而陝西地方，復有總督年羹堯等在彼彈壓，允禵所統者不過兵丁數千人耳，又悉皆滿洲世受國恩之輩，而父母妻子俱在京師，豈肯聽允禵之指使，而從為背逆之舉乎？其以朕為防範允禵召之來京者，皆奸黨高增允禵聲價之論也。及允禵到京之時，先行文禮部詢問，見朕儀注，舉朝無不駭異。及到京見朕，其舉動乖張，詞氣傲慢，狂悖之狀，不可殫述。朕皆隱忍寬容之。朕曾奏請皇太后召見允禵，太后諭云：『我只知皇帝是我親子，允禵不過與眾阿哥一般耳，未有與我分外更親處也。』不允。朕又請可令允禵同諸兄弟人見否，太后方俞允。諸兄弟同允禵進見時，皇太后並未向允禵分外一語也。此現在諸王阿哥所共知者。後允禵於朕前肆其咆哮，種種不法，太后聞知，特降慈旨，命朕切責允禵，嚴加訓誨之，此亦宮中人所共知者。允禵之至陵上，相去太后晏駕之前三四月，而云太后欲見允禵而不得，是何論也！且何玉柱等云，太后因聞囚禁允禵而崩，馬起雲向伊妹夫達色又云，太后因聞塞思黑去見活佛而崩，同一誣捏之語，彼此參差不一者如此。且塞思黑之去西大同，在雍正元年二月，朕將不得已之情，曾備悉奏聞太后，太后是而遣之者，並非未請慈旨，太后不知不允之事也。即允禵之命往守陵，亦奏聞太后，欣喜嘉許而遣之者，亦非太后不知不允之事也。雍正元年五月，太后升遐之時，允禵來京，朕降旨封伊為郡王，切加教導，望其省改前愆，受朕恩眷。後伊仍回陵寢地方居住。其間阿其那在京，塞思黑在陝，悖亂之跡，日益顯著，是其逆心必不可折，邪黨必不肯散。而雍正四年，又有奸民蔡懷璽投書允禵院中，勸其謀逆之事，朕始將允禵召回京師拘禁之。

是允禵之拘禁，乃太后升遐三年以後之事，今乃云太后因允禵囚禁而崩，何其造作之舛錯，至此極耶？又馬起雲云塞思黑之母親自縊而亡，現今宜妃母妃，朕遵皇考遺旨，著恆親王奉養於伊府中，而逆賊等以為昔年自縊，真鬼魅罔談也。前康熙四十七年，聖祖皇考聖躬違豫，朕與諸醫同誠親王等，晝夜檢點醫藥，而阿其那置若罔聞。至聖體大安，朕與之互相慶幸，而阿其那攢眉向朕言：『目前何嘗不好，雖然如此，但將來之事奈何？』是阿其那殘忍不孝之心，不覺其出諸口矣。朕曾將伊不是處，對眾宣揚羞辱之，而伊深以為愧恨。今乃以六十一年之進奉湯藥，加惡名於朕，可謂喪盡天理之報復，無怪乎遭神明之誅殛也。至於和妃母妃之言，尤為怪異莫測，朕於皇考之宮人，俱未曾有一見面者，況諸母妃輩乎？七年來，如當年皇考宮中之人，即使令女子輩，若曾有一人在朕左右，朕實不對天日以君臨兆庶也。又曾靜供稱伊在湖南時，傳聞皇上令浙江開捐納之例，欲將銀六百萬兩，修造西湖，為遊幸之地，當時為其所惑，今乃知皆奸黨造作毫無影響之語，無所不至。夫西湖所有昔年地方官蓋造之地宮，朕尚皆令改作佛宇矣，而奸黨云欲捐納銀兩，修造西湖，為遊幸之地，不知出自何論？又三姓地方，有人造播流言，皇上在蘆溝橋蓋造官房，收往來客商之飯錢等語。朕因應試士子來京者，橋上查檢行李，不免風雨露處之苦，是以特發帑金，蓋造房舍，俾其住歇。今管理稅務之人，到店驗看應試文憑，即令放行，在士子輩既有投足之地，又可免奸商冒充應試之人，致於漏稅之咎。此朕之仁政，直省舉子感恩頌德之事。而奸黨以朕為欲收客商飯錢，作此等誣謗之語，實為可笑，亦可怪也。阿其那、允禩縱酒無忌，而加朕以酗酒之名。）阿其那等蓄心陰險，存傾陷國家之念，懷與皇考為仇之心，而反一一加之於朕。總因阿其那等平日之逆謀不遂，畜養匪類者久矣，播散訛言，分門立戶，各各收買黨羽，欲以鼓惑人之耳目，俾素蓄逆念之人，蠢動而起，然後快心，祖宗之社稷，所不顧也。夫加朕以凶暴惡名，其罪猶輕，獨不念聖祖皇考六十餘年之豐功懋烈，而作如此歸結，豈為人子者所忍為乎？阿其那、塞思黑等之罪，實萬死不足以贖矣。伊等之奸謀若此，目今敗露者即不勝其數，其他匪類邪黨之聽其驅使者，奚止數千百人，造作種種誣謗之語，已流散於極邊遠塞，則宇宙之內，鄉曲愚人為其所惑者，豈止曾靜數人而已哉？即如三姓之協領華賚，身在地方，有稽查之責，乃伊將所見所聞，俱行隱瞞，不以入告，朕在九重大內，何由而知之，何從而究之，又何自而剖晰開示，使天下臣民共曉之？今蒙上天皇考，俯垂默佑，令神明驅使曾靜，自行投首於總督岳鍾琪之前，俾造書造謗之奸人，一一呈露，朕方得知若輩殘忍之情形，明目張膽，將平日之居心行事，遍諭荒陬僻壤之黎民，而不為浮言所惑於萬一，亦可知阿其那、塞思黑等蓄心之慘毒，不忠不孝，為天祖之所不容，國法之所難宥處，天下後世，亦得諒朕不得已之苦衷矣。此朕不幸中之大幸，非人力之所能為者。即此則曾靜不為無功，即此可以寬其誅矣。從來奸宄凶醜，造作妖言，欲以誣民惑眾者，無時無之。即如從前妖言云：『帝出三江口，嘉湖作戰場。』此語已流傳三十餘年矣。又如廣西張淑榮等言：『欽天監奏，紫微星落於福建，今朝廷隆旨，遣人至閩，將三歲以上九歲以下之男子，悉行誅戮。』又如山東人張玉，假稱朱姓系前明後裔，遇星士推算，伊有帝王之命。似此誕幻荒唐，有關世道人心之語，往往地方大臣官員，希圖省事，目為瘋癲，苟且掩護於一時，而未念及其迷惑之害，日月漸遠，傳播漸多，遂不能究問其所自來，轉令無辜之人，受其牽累，此皆庸碌無能視國家利害於膜外之大臣等，養癰之害也。又如村塾訓蒙之人，本無知識，而又窮困無聊，心懷憂鬱，往往造為俚鄙怪妄之歌詞，授於村童傳唱，而不知者遂誤認以為童謠，轉相流布，此皆奸民之欲煽惑人心紊亂國法者，地方大吏有司，視為泛常，不加稽察懲創，以防其漸，可乎？前年有人揑稱侍郎舒楞額密奏八旗領米一事，欲以搖惑旗人之心，舒楞額聞之，據實入奏，比時朕隨降旨根究，即得其造言之人，加以懲戒。凡屬流言初起之時，若地方大臣，能肯悉心窮究，必能得其根由，使奸宄不至漏網，庸愚無知，亦不至拖累，其有裨於人心世道者，良非淺鮮。今因曾靜之事，而查出首先造謗之渠魁，蓋以此案發覺尚早，易於追尋，故可遞推而得其根源也。且朕之寬宥曾靜，非矯情好名而為此舉也。《虞書》曰：『宥過無大，刑故無小。』曾靜之過雖大，實有可原之情。昔我皇考時時訓誨子臣曰：『凡人孰能無過，若過而能改，即自新遷善之機。故人以改過為貴，但實能改過者，無論所犯之大小，皆不當罪之也。』朕只承聖訓，日以改過望天下之人，蓋過大而能改，勝於過小而不能改者。若曾靜可謂知改過者矣。朕赦曾靜，正欲使天下臣民，知朕於改過之人，無不可赦之罪，相率而趨於自新之路也。且朕治天下，不以私喜而賞一人，不以私怒而罰一人。曾靜狂悖之言，止於謗及朕躬，並無反叛之實事，亦無同謀之眾黨。彼跳梁逆命之人，果能束身歸命，畏罪投誠，尚且邀赦宥之典，豈曾靜獨不可貸其一死乎？且曾靜之前後各供，俱係伊親筆書寫，並非有所勉強，亦並非有人隱授意指，實由於天良感動，是以其悛悔之心，迫切誠懇，形於紙筆，此乃其可原之情，並非以其為諂媚頌揚之詞，而欲寬其罪也。若今日喜其諂媚而曲宥之，則從前即當怒其誣謗而速誅之矣。況曾靜今日頌揚之詞，較之從前誣謗之語，其輕重懸殊，何止什佰，論其情罪，豈足相抵。若有人議朕喜曾靜之諂媚而免其罪者，則與曾靜從前之犬吠鴞鳴，無以異矣。然朕亦不論，除造作布散流言之逆黨，另行審明正法外，著將曾靜、張熙免罪釋放，並將伊之逆書，及前後審訊詰問之語，與伊口供，一一刊刻頒布，使天下人共知之。楚省地方大小官員等，平日既不能宣布國恩，敷揚朕訓，化誨百姓，盡去邪心，致有此等愚昧狂亂之人，實有忝於父母斯民之責，此則深當愧恥者。今若以羞忿怨恨之心，或將曾靜、張熙有暗中賊害情形，朕必問以抵償之罪。曾靜等系朕特旨赦宥之人，彼本地之人，若以其貽羞桑梓，有嫉惡暗傷者，其治罪亦然。即朕之子孫，將來亦不得以其詆毀朕躬，而追究誅戮之。蓋曾靜之事，不與呂留良等，呂留良之罪，乃皇考當日所未知而未赦者，是以朕今日可以明正其罪，若曾蒙皇考赦免之旨，則朕亦自遵旨而曲宥其辜矣。特諭。」

（右諭，今庫本實錄並無一字，《東華錄》蔣氏本亦無。蔣所節錄原極簡，若肯如王錄之繁，其所見之實錄，必遠過於王氏。王錄則尚存首尾，其首從諭文第一句起，至『而無必不可寬之罪也』句止，以下『據曾靜供稱』云云，至『而加朕以酗酒之名』句為止，全然刪去，文中用括弧標出。以下從『阿其那等蓄心陰險』句起，至諭文之末為尾段。據此，則光緒以前之《世宗實錄》，自謂能為尊者諱，而仍啟後人之疑念，光緒以後之重修，直根本沒其痕跡，於幹蠱之計良得。）

前諭中證明世俗流傳世宗之得位，以遺詔中「十」字改作「于」字之故，並非久後野人之語，實是當時宮廷中宣布之言。夫曾靜逆書，既可以無言不盡，則世宗於此書，如果胸中原無此影，自應決為曾靜所捏造，以意處分之而已。乃一見即推其來由，信其決非曾靜所能虛構，是唯自知其事實之吻合，即語所從出，胸已瞭然，唯待推得其傳說者之主名耳。至其辯訴之詞，云聖祖如何輕允禵而重己，太后如何惡允禵而愛己，皆逝者無可對證之語。命往守陵，豈能自由，乃辯其拘禁在三年之後，且母后所生兩子，何故自分軒輊如此，亦太遠於人情。至以召回允禵，為閔其無福送聖祖之終，則他諭旨中又可證其不然。唯允禵在軍中為年羹堯所彈壓，無能為變，此則非謬。羹堯適為雍邸心腹，世宗之立，內得力於隆科多，外得力於年羹堯，確為實事。今悉以世宗諭旨明之。

《上諭內閣》：二年閏四月十四日（《東華錄》作丁亥），「奉上諭，阿布蘭雖系宗室，朕素不深知。在皇考時，伊於委任之事，尚為勉力，廉親王又於朕前保奏，朕因特加殊恩，晉封貝勒，賞給佐領，又令總理事務。外人不知，以為阿布蘭曾奏聞二阿哥礬書一事，故爾擢用，不知礬書事敗，阿布蘭尚自遲疑未奏，系貝勒蘇努指使奏聞，非其本心也。阿布蘭自任用以來，並不實心效力，而且素行卑汙，前大將軍允禵自軍前回時，伊特出班跪接，從來宗室公於諸王阿哥，並無此例也。宗人府建立碑亭，翰林院所撰之文，阿布蘭以為不佳，另行改撰，並不頌揚皇考功德，唯稱讚大將軍允禵，擬文勒石。朕即位後，伊自知誣謬，復行磨去。辦理旗務，每每徇私。近參奏佐領一事，經朕交部查出，曾傳示眾大臣。似此罪惡種種，朕是以交宗人府議處，非有別意也。若即將伊革斥，眾人不知，以為何以旋用旋斥，遂生議論，則是與廉親王封王時，向致賀者云『何喜之有，不知死在何日』之語相符矣。朕若不將此詳諭爾等，無論舊時王大臣，即朕所用之廉親王、怡親王、阿爾松、阿勵廷儀等，亦人懷懼心矣。如貝子允祹，人甚平常，朕雖加以殊恩，封之王爵，任以部務，並不黽勉效力，其性好事，其行瑣屑，再孛英貴、勒席恆俱朕施恩擢用之人，因其不肖，有負朕恩，始行革退，善則用之，不善則退之，朕素性也。皇考每訓朕，諸事當戒急用忍，屢降諭旨，朕敬書於居室之所觀瞻自警。今於阿布蘭，既不詳察而用之太急，至於不可寬宥之罪，又不便隱忍，則皇考訓誡之聖明益著，而朕亦知過矣。阿布蘭應得何罪之處，朕殊難降旨，爾部院滿大臣會同宗人府定議具奏」。

此諭詳其本意，不專為阿布蘭，而實用以激刺允禩、允祹諸弟。允禩此時尚未變為阿其那，既提其可獲重譴之語，又與所尊信之怡親王等同論，嬉笑怒罵，不倫不類，《東華錄》中皆去之，但就阿布蘭一人數說，已非世宗發言本意。但就其所言，亦足證聖祖繼統簡在允禵之說，逐一明之。

礬書案在康熙五十四年十一月，《東華錄》書其日為庚子。太子既廢，因福金有病，招醫生賀孟頫治病，令賀醫用礬水寫字往來，一則屬託公普奇保舉為大將軍，二則從前澤卜尊丹巴胡土克圖言二阿哥災星未脫，因探聽此僧來京之信，又稱皇上有褒獎二阿哥之旨，各處探聽，希冀釋放。普奇具悉其情，不行奏聞。阿布蘭首告。宗人府奏普奇應絞立決，賀孟頫斬立決。得旨普奇拘禁，賀孟頫斬監候。普奇與阿布蘭同為褚英之後，褚英長子安平貝勒杜度之曾孫。杜度以軍功顯。世宗以為此一支宗室，世有為祖報仇之意。然聖祖之向用，至廢太子亦求其保舉，則非聖祖之所疏遠可知。廢太子之礬書通訊，所求皆可以矜憐之事，亦無所為惡逆。其求保為大將軍以自效，皇子之重視大將軍可知。廢太子求之而得罪，允禵承聖祖之命而得之，其為將降大任，固自可信。阿布蘭不憚開罪於廢太子，而獨求媚於允禵，宗室間固已信其將繼大業矣，立碑頌大將軍功德，在康熙間不懼得罪，至雍正初乃磨去其文，可知聖祖之意，不以頌揚大將軍為非，自有擬為儲貳之意。眾望如此，上意如彼，而世宗謂任允禵為大將軍，厭惡而遠之，此在世宗言之則然，威福在心，誰敢駁辨，不得不留待考之餘地矣。

至允禵之不需防範，世宗實倚年羹堯，自允禵赴大將軍之任，即箝制之。雍邸私人，尚有以防範為說者，未知世宗之早占先著也。《故宮文獻叢編》載戴鐸口供云：「奴才自湯山叩送，當主子天恩教誨，至今四五年來，刻刻以心自勉，雖不敢謂希賢二字，而天地神明可鑑，各處官民可訪。在任時幾十萬錢糧不清，奴才始終不避嫌怨，為主子出力。乃聞主子龍飛九五，奴才曾向巡撫蔡珽說恐怕西邊十四爺與總督年羹堯等有事，奴才等當以死自誓，例借給兵丁錢糧，冀用其力，此奴才之愚衷也。」據此，則言防範者乃並年羹堯防止，徒為世宗之所竊笑。羹堯自雍邸初建，即為邸屬，進妹為世宗妃。當康熙間，臣僚某為某邸私人，形諸章奏不諱。《故宮掌故叢編．年羹堯折》，有〈回奏孟光祖至川情形折〉，康熙五十六年五月二十日所具，中云：「查孟光祖當日一到成都，臣即面加切責，勒令起身。當時果有親王所賞物件，臣已收受，即不奏明，應有謝啟，若直受而不稟謝，臣係旗人，雖至愚必不敢無禮至此。又謂臣有饋送，臣何故切責其人，勒令起身，又以銀騾取其歡心？且屬雍親王門下，八載於茲，雍親王並未遣人至川賞賜物件，則誠親王何遽有賞賜？此又臣之至愚，所能辨晰者。臣自奉旨緝拿之日，俱已一一奏明，孟光祖果有齎來親王賞物，並臣有饋送之處，又何敢隱匿不奏，自蹈欺狂之條」云云。此折在五十六年，則八載以前，乃康熙四十八九年間。世宗以康熙十七年十月三十日生，四十八年封雍親王，則所云屬王門下，乃雍邸始立時屬之地。年妃之歸世宗，不知在何年，其生皇第四女，在康熙五十四年三月十二日。世宗封貝勒，在三十七年，年二十一。封雍親王在四十八年，年三十二。妃之入侍，當在羹堯屬雍邸之後。最後生皇子福沛，在雍正元年五月，三年十一月二十三日卒。羹堯已得罪，未幾賜死。蓋羹堯之為功臣，平青海之功小，箝制允禵之功大。世宗紐合年羹堯、隆科多兩人為一體，可見其同效一事之力，又皆已挾功洩漏祕密遭忌，隆禁錮而年殺身。高鳥盡，良弓藏，對敵國外患者且然，彼敵國外患，或尚有選起之時，若用祕計扶人作天子，則天位一定，早以屬鏤之柄授之矣。年隆粗材淺躁，烏足知之。

隆科多何以能獨擅聖祖憑幾之末命，此當考清室尊重內親之習慣而知之。先言隆科多之家世。隆科多姓佟氏，曾祖佟養正，以明之遼東總兵叛投清太祖。國史諱其為貳臣，史館舊傳云：「養正遼東人，其先為滿洲，世居佟佳，以地為氏。祖達爾哈齊，以貿易寓居開原，繼遷撫順，遂家焉。天命初，有從弟佟養性輸誠太祖高皇帝，於是大軍徵明克撫順，遂挈家並族屬來歸，隸漢家。六年，從征遼陽，以功授三等輕車都慰，奉命駐守朝鮮界之鎮江城。時城守中軍陳良策，潛通明將毛文龍，詐令諜者稱兵至，各堡皆呼噪，城中大驚，良策乘亂據城叛，佟養正被執，不屈死之。長子佟豐年並從者六十人俱被害，詔以次子佟圖賴襲世職。佟圖賴初名佟盛年，後改今名」云云。佟養性與李永芳俱以叛降太祖，太祖配以族女，均稱額附。養正之降，據國史在養性後，然子孫之貴顯，以養正為尤盛，至今北人語侈之曰「佟半朝」。蓋聖祖之生母孝康章皇后為佟圖賴女，世宗之嫡母孝懿仁皇后為圖賴子國維女，兩朝全盛之國戚，出於一家。養正以死於毛文龍之故，《清史》且稱以忠義，《耆獻類徵》於《忠義傳》之首。而明時記載，則云「大逆佟養正伏誅」。文龍緣此一勝，為王化貞所奇賞，而熊廷弼以為發之太早，破三方布置成算，不當言功，熊王冰炭，朝議水火，是為經撫不和之始。《明史》自不記養正事，明記載亦不詳養正事實。《朝鮮實錄．宣祖朝實錄》有云：

「三十二年（萬曆二十七年）乙酉，上幸佟副總養正所館。行拜禮，坐定，上曰：『有賤疾，頗遲歲禮，心甚未定。』副總曰：『屢承臨視之命，而恐勞貴體，不敢承當。』上曰：『昔播西方，蒙大人之賜多矣。大人今來弊館，如支供之事，亦知涼薄，常懷愧嘆。』副總曰：『曾無尺寸之效，有何謝為？此來屢荷盛情，不知攸諭。』上曰：『大人輸軍資於弊邦，而多所裨補，未安。』副總曰：『固是事理當為，何裨補之有？』（天朝以養正誤薦楊元之故，使贖軍糧，以資東征。）行茶酒禮，副總曰：『大賊退遁，新年積慶，當以一杯稱賀，而自恨量少。第賊退之後，訟海戍守之備，何以為措？』上曰：『專賴天威，得有今日，而南邊一帶無人煙，不知所以為自固之計，收拾之間，願留多小兵馬，曾將此意告於軍門矣。然願聞諸大人之教。』副總曰：『多留兵則乏食，小留則無益，以淺見言之，貴邦亟選精兵一萬，教以南兵之長技，分守海岸，或有益也。熟觀此地，人心怠慢，事不及機，賊若復來，當何以御之？所見如是，不敢不達。』上曰：『軫念小邦，見教丁寧，不勝感激，教意謹留心。』上曰：『大人駐遼陽，心知老胡聲息，近復如何？』曰：『老胡比歲效順，貢獻不絕。既聞其結婚於開元　子，開　欲引老胡犯遼陽云，而時無動靜。俺家住距　子地方三百餘里，明知其眾不過一萬，設或起發不大緊；然在我之備，不可緩忽。咸鏡一帶，另加防備，江界近處，則山峻且險，胡虜以馳突為長技，無虞也。』上曰：『始聞實狀，多謝。』遂呈禮物而出。」

時在倭寇初退朝鮮復國後。朝鮮倭難在萬曆二十一年至二十六年，養正已為東征軍將，今來朝鮮。所云「大賊」，乃指日本；後云「老胡」，則指清太祖。（太祖之名，清定名努爾哈齊，明人謂之奴兒哈赤，或作老哈赤，朝鮮又作老可赤，明謂建州兵為

「奴賊」，朝鮮稱「老賊」也。）此時養正未認太祖為真主，太祖亦未擾明邊，朝鮮已知其聲勢，明人視之則甚忽。云家距㺚子地方三百餘里，蓋以女真為「㺚」，已與蒙古之「韃」並稱，而其相距，則佟家撫順，至太祖所居寧官塔，即後之興京之里程也。養正是時已為明副將，至天命初將及二十年養正始降，蓋遼籍武職大員，清特諱言之。

國維在聖祖時，尊之曰「舅舅佟國維」，以太后弟兄而又為皇后之父，外戚隆重。晚以激聖祖廢儲，雖既廢而為聖祖所憾，康熙末國維死，聖祖不予其子襲承恩公職。蓋國維亦祖允禩，而國綱子鄂倫岱，尤世宗所指目為阿其那黨，佟氏一家，除隆科多外，皆非暱世宗者。隆科多獨出此間道，以博殊常之富貴，世宗之所以許相酬報者，事不可考。就官書及祕檔之今發見者徵之，蔣氏《東華錄》：康熙六十一年十一月甲午（十三日聖祖崩日）：「安奉大行皇帝於乾清宮，以乾清宮東廡為倚廬。命貝勒允禩，十三阿哥允祥，大學士馬齊，尚書隆科多總理事務。召大將軍十四阿哥允禵，令與弘曙馳驛來京。命公延信馳驛赴甘州，管理大將軍印務。辛丑，上即皇帝位，御太和殿，以明年為雍正元年。諭內閣：嗣後啟奏處書寫『舅舅隆科多』。先是隆科多父佟國維，以孝懿仁皇后父封一等公，康熙五十八年卒，其一等公爵，所司以承襲請旨，疏留中，至是命隆科多襲。」據此則大行未殮，隆科多已受命為總理四大臣之一。王錄尚有之。即位之日，首尊舅舅寫法，及承襲已寢之爵命，王錄已削之矣。

《上諭內閣》六十一年十一月二十一日（即位之翌日）：「諭內閣，舅舅佟國維襲公奏摺，蒙皇考收貯機密事件之內，敬思皇考必另有主見，始行收貯。孝懿皇后朕之養母，則隆科多即朕之親舅，此公爵著隆科多承襲。交與該部，修理舅舅墳塋，加祭一次。」按世宗為德妃烏雅氏所生，而佟后則於康熙二十八年由皇貴妃冊為皇后，翼日而崩。世宗尊父命，則當嚴嫡庶之分，不曰「嫡母」，而曰「養母」，殆宮中自有同為妃侍之舊情，舍名分而以養母之故，認隆科多為親舅。夫嫡母之弟，何嘗非親舅？尊佟氏則亦無需違棄父命，乃特示私暱以籠絡隆科多，而有此言。夫國維襲公疏留中，不準赤不駁，厭之而亦不欲顯斥之，以全外戚顏面，有何深意？欲貴隆科多，何患無辭乎？錄舊史館《佟國維傳》，以存真相：

「佟國維，滿洲鑲黃旗人（佟國綱請入滿洲籍，部議國綱本支準改入滿洲，佟姓官職眾多，應仍留漢軍現任，故國維則竟稱滿洲矣），都統佟圖賴次子。順治十七年，任一等侍衛，聖祖仁皇帝康熙九年，授內大臣。十二年冬，逆藩吳三桂反，其子吳應熊居京師。明年春，逆黨謀為不軌，以紅帽為號，國維發其事，奉命率侍衛三十人，至大佛寺，擒縛十數人，械送刑部，鞫實伏法。二十一年，授領侍衛內大臣，尋列議政大臣。二十八年，因國維為孝懿仁皇后之父，封一等公。三十九年七月，大將徵噶爾丹，命國維參贊軍務。八月次烏蘭布通，國維與兄都統佟國綱並率左翼兵進擊，國綱循河岸戰歿，國維由山腰繞賊後，擊之潰遁。師還，以噶爾丹既敗，不率兵追剿，部議革職，得旨罷議政，降四級留任。三十五年，上親征噶爾丹，國維從，甫出獨石口，以駝載遲滯，疏於管攝，自請處分，上貰之。三十六年，復從上徵噶爾丹，至寧夏，聞噶爾丹竄死，上次鑾，敘前隨徵功，復所降四級。四十三年，詔賑山東流民之就食京師者，以國維同內大臣明珠等監賑，尋以年老解任。四十八年，正月，召國維與諸大臣並集，傳旨詰問曰：『前因有人為皇太子條奏，朕降硃筆諭旨示諭大臣。爾曾奏稱「皇上辦事精明，天下人無不知曉，斷無錯誤之處。此事於聖躬關係甚大，若日後易於措處，祈速賜睿斷，或日後難於措處，亦祈賜睿斷，總之將原定主意，熟慮施行為善。」爾系解任之人，此事與爾無涉，乃身先眾人啟奏，是何心哉？』國維奏曰：『臣雖以庸愚解任，蒙皇上優厚，因聖體違和，冀望速愈，故奏請速定其事。今奉明旨詢問，實無詞以對。』奏入，奉諭曰：『將來誠如爾言，朕有難於措施處，自不必言，眾人亦將謂爾所奏果是矣；若朕無難措處，到當時自知之耳。人其可懷私仇而妄言乎？』明日復諭曰：『爾年老之人，屢向朕所遺人云：「每日祝天求佛，願皇上萬歲。」朕思自五帝以至今日，尚未及萬載，朕何敢侈望及此！此皆以荒誕不經之談欺朕，朕不信也。爾既有祈望朕躬易於措處之言，嗣後唯篤念朕躬，不於諸皇子中結為黨羽，謂皆系吾君之子，一體看視，不有所依附而陷害其餘，即俾朕躬易於措處之要務也。』二月，又諭曰：『爾前此易於措處難於措處等語，竟似捨命陳奏，爾乃國家大臣，榮貴極矣，年已老邁，子孫甚多，若欲捨命，則見朕之病勢漸增，即當親身入內奏云。醫生等既可入內，我又何不可入？親身領醫生診看，晝夜侍奉湯藥，使朕病得痊，方可稱為實心。乃漠不相關，並未嘗念及朕躬。朕仍賴皇太子及諸皇子晝夜侍奉，率領醫人診看，進藥調理。仰蒙上天護佑，今日痊癒。由是觀之，爾並非實心，乃置身兩可，意謂皇上若獲痊癒，我仍沾祿食，茍且度日；倘有不測，則皇太子將何所往，必合我言矣。此非爾之本意乎？皇太子允礽，前染瘋疾，朕為國家而拘禁之，後詳察被人鎮壓之處，將鎮壓物俱令掘去，其事乃明，今調理痊癒，始行釋放，朕將此情由，俱曾硃筆書出，詳悉諭諸大臣。今譬有人，因染病持刀斫人，安可不行拘執，若無痊癒，亦安可不行釋放，而必欲殺之乎？朕拘執皇太子時，並無他意，殊不知爾之肆出大言，激烈陳奏者，系何心也？諸大臣之情狀，朕已知之，不過碌碌素餐，全無知識，一聞爾所奏之言，眾皆恐懼，欲立允禩為皇太子而列名保奏矣。朕臨御既久，安享太平，並無難處之事，臣庶托賴朕躬，亦各安逸得所。今因爾所奏之言，及群下小人就中揑造言詞，所以大臣侍衛官員等，俱終日憂慮，若無生路者。此事關係甚重。亂民賊子自古有之，今觀眾人情狀，果中爾所奏日後難於措處之言矣。爾聞外邊匪類妄言，理應禁止，爾乃倡造大言，驚駭眾心，有是理乎！爾既捨命陳奏，必有確見。其何以令朕躬及皇太子諸皇子志意安舒，不致殷憂，亦可明白陳奏。朕特降此旨，非欲誅爾也，因眾皆憂慮，須事明後眾心乃可定。爾當體念朕心，若懷藏私意，別有作為，天必誅之。』國維奏曰：『臣前所奏之言，俱載在檔案，今並不推諉。眾人因臣大言妄奏，皆畏懼列名，致貽聖體及皇太子諸皇子之憂，臣罪莫大。皇上雖憐憫不誅，臣何顏生斯世，祈速賜誅戮以示眾。』奏入，復奉諭曰：『朕今特為安撫群下，降旨申明，非欲有所誅戮也。爾前啟奏時，外間匪類不知其故，因甚贊爾，云如此方謂之國家大臣，不懼死亡，敢行陳奏。今爾之情形畢露，人將謂爾為何如人耶？洵可恥之極矣。朕若誅爾，似類沽名。朕今斷不誅爾，其坦懷勿懼，但不可卸責於朕躬。觀爾迷妄之言，其亦被人鎮魘歟？』五十八年正月卒，賜祭葬如例。世宗憲皇帝雍正元年，贈太傅，諡『端純』。子隆科多，襲一等公，別有傳。」

佟國維在聖祖朝既因激勸儲，絕不為太子稍作調護，為聖祖所深憾，然卒不罪之於國維生前，此則聖祖之牽於外戚情愛，亦種佟氏後來得預大事之因者也。當聖祖末年，佟氏一門，皆為允禩之黨。國維之為黨既如本傳。國維有孫名舜安顏，尚聖祖第九女，據《公主表》：和碩溫憲公主，孝恭仁皇后烏雅氏出，則世宗之同母妹也。以康熙二十二年九月生，二十九年九月下嫁舜安顏，四十一年七月薨，年二十。舜安顏尚主授額附，康熙四十八年以黨附皇八子允禩削額附，禁錮，後釋之，雍正二年，命總理三陵事務，授領侍衛內大臣卒。據此則國維雖以老不加罪，其餘已獲譴，而旋又釋之，則仍推外戚之恩也。雍正初之復進用舜安顏，自緣佟氏方在燻炙之日。迨後隆科多被遣，王大臣議定重罪四十一款時，其大不敬等五款云：「皇上賞銀三千兩令修理公主墳墓，隆科多遲至三年，竟不修理。」則此下嫁佟氏之公主，尚為羅織隆科多罪狀中一種數據。此公主所歸之佟國維孫，未知為隆科多之子，抑其從子。據《國維傳》，則國維之子，唯見隆科多之名，或更無他子，則直為隆科多之子婦耳。國維之後，除隆科多外即為允禩黨，國綱子鄂倫岱，尤世宗所疾首痛心，斥為阿其那黨者，故云佟氏一門皆世宗敵黨也。聖祖之於廢儲，未嘗不引為深憾，而卒不免，其中不得已之故，蓋有難言。康熙間名流集中，多有稱頌太子才德，及優禮諸臣者，似又非風狂暴戾，如廢儲時諭旨所云，此當別為匯考矣。

國維生平行事，本無足觀，本傳大半截其議儲忤旨一事，既有陰助阿其那之嫌，必非世宗之所喜，而世宗甫即位，以表章國維為第一事，其作用自必有在。《清史稿》國維等傳論則曰：「理密親王既廢，自諸皇子允禟、允禩輩及諸大臣多謀擁允禩，聖祖終不許，誠以儲位至重，非可以覬覦攘奪而致也。佟國維陳奏激切，意若不利於故皇太子，語不及允禩而意有所在，馬齊遂示意諸大臣，然二人皆非出本心，聖祖諒之，世宗亦諒之，故能恩禮勿替，賞延於後嗣。若阿靈阿父子、揆敘、鄂倫岱、王鴻緒，固擁允禩最力者，世宗既譴允禩，諸臣生者被重誅，死者蒙惡名，將安所逃罪？鴻緒又坐與徐乾學等比被論，事別見，故不著於篇」云云。此論頗不得本事情實，載筆在一二百年之後，又經列朝諱飾竄改之餘，史館諸人，非有專致力於此事之考核者，勢不能洞見症結。蓋允禩之為阿其那，並非追咎其奪嫡。雍正初，奪嫡案久定，而允禩方封為廉親王，總理國事，極示尊貴，何嘗有為故太子鳴不平之意，或且以鷸蚌之利，幸其為我驅除焉。後來卒以前預議儲之事者，後仍不免私計於承統之祕密，乃始放手誅戮，以杜謗訕。其前死者率無所譴，則原無涉於承統以後弭謗之計也。史稿傳論，獨於馬齊一傳為較合耳。

隆科多之承殊眷，以年羹堯所受者例之，必有可駭之嘆。如年之比者在，而檔案已湮，僅於年案中並見數事，可以推想得之。若其論隆科多罪狀之事，亦有足證受遺案者。《隆科多舊傳》：「五年閏三月，宗人府劾奏輔國公阿布蘭私以玉牒繕本與隆科多收藏在家，阿布蘭革公爵圈禁，隆科多亦革公爵，仍命回奏。」此一事，驟讀之殊不明，細考之，則阿布蘭乃宗室，太祖之後，其家應有玉牒收藏。今北平市上，常發見故清宗室家藏本支一部分之玉牒，在康熙時，玉牒尚不繁重，宗室人數有限，阿布蘭為太祖第五世孫，其得藏玉牒自無疑義。唯其所藏者是否得為玉牒全分，雖未敢決，但當時宗室，與現代帝系猶為甚親，不似清末之傳久系繁，襲爵世盡，至見面不相識，意所藏玉牒，亦簡冊無多，各支可得全分。而阿布蘭即二年諭中，謂其跪接允禵，撰碑頌大將軍而不頌皇考者，蓋為深信大將軍即為儲貳之人。其所以深信之故，或即於玉牒中獲得有聖祖暗示之意。隆科多以漢人冒充旗籍，欲得玉牒何用？當是留此把鼻，以顯己迴天大力，是以得成為罪案。以前隆科多雖獲譴，猶以革員往議俄羅斯邊界事，自私藏玉牒案發，乃大震天威，命王大臣勘鞫，獄成定至重罪四十一款，則可知玉牒之關係大矣。

隆科多之口銜天憲，處分嗣統，既在聖祖崩逝之後，諸皇子何以一無牴牾，固緣世宗得此一語，即可握生殺大權？而急切中萬一有所指揮，豈能無壁後置人之預備？細尋其機括所在，則隆科多方為步軍統領，警蹕中之武力，實在掌握。此與年羹堯之方為陝西四川總督，同一扼要。以此兩人為擁戴君主名。聖祖晚年用人，天然為世宗嗣統布置，此不可謂非天相也。隆科多於康熙五十年，授提督九門步軍巡捕三營統領，五十九年，擢理藩院尚書，仍管步軍統領事。其四十一款重罪中，第一項大不敬五款，第一款即「私鈔玉牒，收藏在家」；第三款則「妄擬諸葛亮，奏稱白帝城受命之日，即是死期已至之時」，此款明是憤世宗背棄祕約，特提受遺事作負氣之語。第二項欺罔四款，第二款「狂言妄奏提督之權甚大，一呼可聚二萬兵」，此款亦有意味。隆科多在雍正初，仍留任九門提督，於三年正月解任。定罪時離提督任已久，豈非仍以受遺時鎮定之力，自詡其功?但言之過甚，故為欺罔之罪。考《兵志》：步軍統領所轄為左右翼總兵以下官，乃十六門門千總，海澱暢春園、樹村汛、靜宜園、樂善園設副將或守備各官不等。置兵共三千人，京城內九門，外七門，每門設千總二，門甲十，或十二，門軍四十人，左翼總兵統步軍營巡捕南左二營各汛官，凡兵三千六百有奇，右翼總兵統步軍營巡捕北右二營各汛官，凡兵二千五百有奇。（《兵志》為乾隆間已設巡捕五營之制，本傳尚稱三營。）又考《金吾事例》步軍統領所統，除官長外，步甲二萬三千一百二十一名，去其各項遠近長差一萬四千四百二十三名，下剩八千六百九十八名，分為兩班，在堆撥柵欄內當差。另有五營馬戰守各兵一萬名，五營與三營，不過官長之分合，其步甲及兵數，原無改革。隆所言一呼可聚二萬兵，就名額言，並非虛偽，但步甲皆分地當差，難言呼聚，其為馬戰守兵者一萬而已。暢春園自有專設之官，兵不待呼而自聚，餘可呼者西郊各園苑之兵，尚易使聚，又餘兩翼各守汛地，已不能一時集合，故坐以欺罔，亦欲加之罪焉爾。若為制三數皇子之死命，則但能發命令於暢春園之官兵，其力已足，隆科多可居之功，原不在聚至二萬兵也。可異者，欺罔罪第一款：「聖祖仁皇帝升遐之日，隆科多並未在皇上御前，亦未派出近御之人，乃詭稱伊身曾帶匕首，以防不測。」此一款竟以隆科多未預見聖祖升遐為說，欲為世宗湔雪淨盡。然疏入奉諭，即有「皇考升遐之日，大臣承旨者唯隆科多一人」之語，以定讞論，王大臣原疏，即應以不實駁回，而國史實錄俱並敘於一幅之中，不嫌矛盾，尤見欽案之不以常法定矣。而隆科多與世宗之承統，別有委曲益顯矣。

隆科多之獨在寢宮，祗候於不豫靜攝之際，其來亦有自。聖祖暱於外戚，待外戚之子弟，寬於諸皇子，可以鄂倫岱事見之。《上諭內閣》雍正三年二月二十九日諭有云：「戊子年拿問允禩開赦後，次年春，皇考從霸州迴鑾，自行宮起身至南紅門，言及鄂倫岱等結黨之事，皇考震怒，沿途切責鄂倫岱，行至三十里，而聖怒未解。鄂倫岱悍然不知畏懼，亦無一毫愛君之心。朕在傍悚惕不安之甚，於行幄前向婁徵額云：『聖躬初癒，今又震怒，於風沙中行三十里。若少頃聖駕出，又復動怒，爾開端奏勸，我當隨同奏懇。』及聖駕出，而鄂倫岱仍悍然向前迎立，以觸聖怒，致皇考復嚴加切責。婁徵額進前奏勸，朕遂泣奏云：『皇父聖體初癒，此等悖逆之人，何足厪煩聖怒。亂臣賊子，自有國法，若交與臣，便可即行誅戮。』因朕懇奏再三，皇考之怒方解。又在熱河時，皇考聖體甚是違和，大臣侍衛等俱請安，求瞻仰聖顏，唯鄂倫岱並不請安，且率同乾清門侍衛等，每日較射遊戲。鄂倫岱罪惡多端，皇考行圍哨鹿時，悉數其罪，令侍衛五哥鞭責之。又一年元旦清晨，在乾清門院內掀衣便溺，朕見之駭異，知其行同畜類。至於每事幹犯聖怒，以致天心鬱怒不寧者，不可列舉」云云。鄂倫岱為佟國綱之子，所臚罪惡，皆瑣屑之事，決非諭斥時有所附會增飾，則其頑劣驕縱之態，豈鄂倫岱偶犯之事？正緣聖祖寬待太過，習以為常，責之不懼，鞭之不改。乾清門院內至掀衣便溺，是日方在元旦清晨，世宗必以行禮肅至，突然遇見，其無禮之態，必非一時一事所為。由此可知鄂倫岱之遊戲狎褻於大內正寢（康熙雍正間，離宮別館未盛，乾清宮為正寢），有過於諸親皇子之親暱遠矣。隆科多之於聖祖，其誼更親，同為聖祖舅氏之子，而獨為聖祖皇后之胞弟，其暱侍聖祖者亦必無所不至。又況聖祖責佟國維不侍湯藥，此時正子代父職，為聖祖所喜見之事。皇子之侍疾，或進見有時，隆科多之侍疾，可以獨承專責，不足怪也。

允禵之受制於年羹堯，羹堯之以齮齕允禵，自結於世宗，均有諭旨可證。《上諭內閣》：三年四月二十八日，又諭議政王大臣：「年羹堯因皇考大事，來叩謁時曾奏：『貝勒延信向伊言，貝子允禵在保德遇延信，聞皇考升遐，並不悲痛，向延信云：「如今我之兄為皇帝，指望我叩頭耶？我回京，不過一覲梓宮，得見太后，我之事即畢矣。」延信回云：「汝所言如此，是誠何言，豈欲反耶？」再三勸導，允禵方痛哭回意。』朕聞此奏頗訝之。及見允禵到京，舉動乖張，行事悖謬，朕在疑信之間。去冬年羹堯來京陛見，朕問及此事，何以未見延信奏聞，年羹堯對云：『皇上可問延信，彼必實奏。』朕言：『伊若不承認，如何？』年羹堯奏云：『此與臣面語之事，何得不認？』朕因諭問延信，延信奏稱並無此語。及延信至西安，朕又令年羹堯訊之。年羹堯回奏云：『今延信不肯應承，臣亦無可如何』等語。此事著岳鍾琪、石文倬二人，面視延信、年羹堯對質回奏。」此諭《東華錄》所無。當三年四月，世宗已與年羹堯驟變面目，將羹堯所以相媚者轉窘羹堯。因其諭文，若惡羹堯而欲為允禵審實昭雪，故編《上諭內閣》時收入，及修實錄時去之，又不見《東華錄》。夫羹堯之進此言，在允禵未到京之前，羹堯於世宗即位之始，即以叩謁梓宮，馳抵京師，本傳不見此次入覲事，乃以無憑之語入告，想其所陳何止此一端。窺世宗欲除允禵之意而投之，其有憑者自一一可加鍛鍊，留此無憑之語，為今日窘年之用，年亦自取之咎，但以證允禵之為年所扼，此其一也。

《上諭八旗》：三年十二月二十二日，諭中有云：「太監閻進，系允禩深信委用之人。雍正元年，年羹堯來京時，閻進在乾清門見年羹堯，指云：『如聖祖仁皇帝殯天再遲半載，年羹堯首領斷不能保』等語。聖祖仁皇帝之必誅年羹堯，閻進何由預知？著交與刑部嚴行審出。」此諭《東華錄》所載允禩本事甚略，此段並不在內。由此知允禵之被扼於羹堯，蓄意去之，而允禩與黨允禟等，奪嫡不行，已甘心為允禵應和，謀去其害。允禵與羹堯相圖，勢已岌岌，聖祖不遽殯天，世宗之事未可知。此六十一年十一月十三日之事，聖祖以病勢不重而忽大變之故，不能無疑。參湯一碗之說，明見諭中，較之斧聲燭影，出於他人之筆者，至少不能無同等之嫌疑也。

《上諭八旗》：二年十一月十五日諭，有云：「夫為君難，為臣亦不易，豈唯為君必親歷始知其難，即為臣不易，亦非親歷其境者不知。如不為諸王，豈知諸王之難；不為大臣，豈知大臣之難。即如年羹堯建立大功，其建功之艱難辛苦之處，人誰知之？隆科多受皇考顧命，又誰知其受顧命之苦處？由此推之，廷臣不知外臣之難，外臣不知廷臣之難，總之非身親其境者不知其難也」云云。此時距與年隆破裂，期已不遠，然傾倒讚揚之態度未改，後來此諭亦不入實錄，蓋亦覺其語病。夫功臣之艱難，世視平青海原非易事，若云受顧命之苦處，則豈非事外有事，文外有文？否則耳聽口宣，有口耳者皆能之矣。本諭中又一段云：「去年皇太后殯天時，外間謠言，朕欲令允禩總理事務，允禩奏云：『若欲令我總理事務，須將隆科多、年羹堯二人擯斥，再發庫帑數百萬賞賚兵丁，我方任事。』因朕吝此數百萬，又不肯斥此二人，故允禩不從任事。其荒誕無稽，駭人聽聞，至於如此」云云。此雖託諸外間謠言，然當時人皆知允禩與年、隆兩人，不能兩立，則此又一證。

世宗初嗣位之尊重年、隆，實出情理之外。此從故宮發見祕檔內所見為多，不能盡錄，錄其最動目者：

雍正元年正月初二日，年有〈會陳軍務事情請先具稿密陳折〉，硃批：「朕安，朕原不欲爾來，為地方要緊。今覽爾所奏，爾若不見朕，原有些難處。難處者軍務總事結局處，舅舅隆科多奏，必得你來同商酌商酌。地方情形汝可以來得，乘驛速來。再舅舅隆科多，此人朕與爾先前不但不深知他，真正大錯了。此人真聖祖皇考忠臣，朕之功臣，國家良臣，真正當代第一超群拔類之希有大臣也。其餘見你之面，再細細問你，有旨。」此批為紐合年、隆之始。隆之於年，據《上諭八旗》：八年五月初九日，因表章新死之怡親王，諭有云：「又如青海背叛之時，年羹堯領兵進剿，而隆科多以私怨年羹堯之故，百計阻撓，不顧軍國之重務。王在朕力言此番軍旅之事，既已委任年羹堯，應聽其得盡專閫之道，方能迅奏膚功。朕從王言，而隆科多不能從中掣肘，於是青海旋即蕩平。」此諭所述，必初即位之事。世宗與年之關係，豈隆科多所能阻撓。唯隆在是時，必未知年之作用與己同功，世宗尚未兩相介紹，故有此語。元年正月之硃批，始為年、隆作合。而其中稱隆為忠臣、功臣、良臣，其功臣身分，專對於己，隆有何功。世宗在外稱年之功，可共喻也，在內頌隆之功，則唯顧命一事耳。顧命亦何功，不有旋乾坤之力，口耳固不得言功也。（隆與年始本異趣，又見後定四十一款重罪中，紊亂朝政三款，其第二款云：「妄奏調取年羹堯來京，必生事端」云云，此或代世宗慮西寧允禵事也）。

羹堯於雍正二年六月十五日，有〈謝賜詩扇折〉，硃批：「朕已諭將年熙過記與舅舅隆科多作子矣。年熙自今春病只管添，形氣甚危，忽輕忽重，各樣調治，幸皆有應，而不甚效。因此朕思此子，非如此完的人，近日著人看他的命，目下並非壞運，而且下運數十年上好的運。但你目下運中言刑尅長子，所以朕動此機，連你父亦不曾商量，擇好日即發旨矣。此子總不與你相干了，舅舅已更名『得住』，從此自然全愈健壯矣。年熙病，先前即當通知你，但你在數千里外，徒煩心慮，毫無益處。但朕亦不曾欺你，去歲字中，皆諭你知老幼平安之言，自春夏來，唯諭爾父健康，並未道及此諭也，朕實不忍欺你一字也。爾此時聞之，自然感喜。將來看得住功名世業，必有口中生津時也。舅舅聞命，此種喜色，朕亦難全諭。舅舅說：『我二人若少作兩個人看，就是負皇上矣。況我命中應有三子，如今只有兩個，皇上之賜，即是上天賜的一樣，今合其數，大將軍命應尅者已尅，臣命應得者又得，從此得住自然全愈，將來必大受皇上恩典者。』爾父傳進宣旨，亦甚感喜，但祖孫天性，未免有些眷念也。特諭爾知。」此批紐合年、隆，懇切竟非人所料，豈但從古君臣所無，家人婦子間亦少此情話。乃一年之中，殺機即一動不可救，其為機深不測，待時始發耶？抑兩人實有挾持其祕密以相脅之形跡，而恩仇中變耶？此未可知矣。

羹堯二年七月初二日〈謝賜琺瑯鼻菸壺折〉，旁批：「真奇才！如不悲失一年熙，賀舅舅添一得住之句，朕實欣賞嘉服之至，非錦心秀手，何能此令人快心悅目。」此批亦謬託知己之極。但年熙不久即死，羹堯於是年九月初六日有〈謝蒙慰誨折〉，中言「九月初三日恭接聖諭，唯恐臣因年熙之事，致有過傷，諄諄慰誨」等語，此年熙之究竟也。於七月初二折後，又有硃批云：「覽卿奏謝二折，甚嘉賞，皆從真如三昧中得來，非泛泛口筆之章句也。朕躬甚安，卿足疼可全愈否？得住近日又好些，總不與卿有干之事，一點放在心上也使不得。寫一柄閒扇賜卿，如此等者，不必具本奏。再手尺甚如意得用，帶一個來，此亦怡親王之制度。王今春夏總是小不爽，只覺瘦弱，入秋以來，已大愈矣。朕命王子莊親王，同四阿哥五阿哥，於七月十七日，往哨鹿圍場地方學習弓馬，以示朕不廢武備之意，二者，著他們養之。特令你知。因諭怡王之待你，真豈有此理，一片真誠敬愛，朕實嘉之。還有笑話，京中有一姓劉的道人，久有名的，說他幾百歲壽不可考。前者怡王見他，此人慣言人之前生，他說怡王前世是個道士。朕大笑，說這是你們前生的緣法，應如是也。但只是為什麼商量來與我和尚出力？王未能答。朕說不是這樣，真佛真仙真聖人，不過是大家來為利益眾生，栽培自己福田，那裡在色像上著腳。若是力量差些的，還得去做和尚，當道士，各立門庭方使得。大家大笑一回，閒寫來令你一笑。」據此批，羹堯想有前生道士之說在前，而世宗自命為和尚，於其舍宅為雍和宮，及自撰語錄等事，自必自命已久。此等閒言語，無事生風，作灌米湯之用，大出於常情之外，知幾者可以深省矣。羹堯粗材，未必知耳。

其前於二年閏四月初一，羹堯有〈謝賜枷楠暖手摺〉，朱枇：「實在是塊好香，做四件玩器，賜怡王舅舅兩塊，給你帶一塊來，朕留一塊，現今不時把握。」此亦紐合年、隆，以自身及親弟居中作介，又時時以玩好作兒女子之酬贈，亦視年為股掌間物，非敬禮士大夫之道也。此類低意識之籠絡，太甘太媚之誘惑，多不勝錄，略之。

二年七月初九日，羹堯有〈請補運使府廳折〉，硃批：「皆依所請，已諭部矣。但沈廷楨，朕意，陳時夏要用他按察使，開歸道要用沈廷楨，西安府，你陝西得人，況即中材者，你鼓舞訓導，亦可用矣。開歸再想不起個人來，和你商量。」此硃批乃正當官人之事，亦用米湯出之，彌見不情。又二年八月十五日，羹堯〈謝賜中秋餅果折〉中言：「今年自二月以至七月，風雨陰晴，適如人意，現在鹽場所積，足供三省三年之用，此非可粉飾而為者。」數語之旁，批云：「覽此奏，朕實喜慶。但不願我君臣一德之小人，恐以為粉飾諂諛之舉也。雖然，螳螂伎倆，亦不能阻天恩浩蕩，頻加賜佑也，徒增其愧忿而已。」此批因奏中有非可粉飾四字，遂用此作米湯，其實是知其不免粉飾，足致人言矣。不然，何用無風生浪？

年羹堯為米湯所灌，居然謬託知己。硃批雖回灌米湯，然點出斤兩，實已有鋒芒可覺，羹堯自不覺耳。（一）故宮藏羹堯真跡奏摺無年月，其文云：「今年三月，臣將所刻《陸宣公奏議》一部恭進，蒙聖恩許賜序文，臣踴躍感激，不知所云。伏念萬歲無暇，恭勸節勞頤養，何敢以此上煩聖心？不揣固陋，代擬一序，倘得（硃批：得暇好好寫來賞你，定不得日期）宸翰揮灑頒發，臣之榮耀，永永無極。謹奏。」硃批：「朕覽你此奏，比是什麼更喜歡。這才是，即此一片真誠，必感上蒼之永佑。凡百就是如此待朕，朕再不肯好而不知其惡。少有不合朕意處，朕自然說給你，放心為之。」此奏是元年間事，許賜序文，並未令其代作，公然擬上，蓋為米湯所毒，認萬乘真作布衣之交矣。硃批明示以知其惡，又云「不合朕意處自然說給你」，則亦有以儆之，似此時尚予以教戒用非甘心養其殺身之禍也。而羹堯不悟，真粗材也。(二)二年三月十二日，有〈謝琺瑯雙眼翎折〉，末云：「更懇聖慈，如有新製琺瑯物件，賞賜一二，以滿臣之貪念，臣無任悚惶之至！」硃批：「琺瑯之物，尚未暇精製，將來必造可觀，今將現有數件賜你。但你若不用此一『貪』字，一件也不給你，得此數物，皆此一字之力也。」羹堯以貪字露遊戲之態，硃批即指出亦作戲語答之。實謂爾之不敬，在我洞鑑之內，亦是警戒之意，而羹堯終不悟。

世宗本性，最講邊幅，好繩人以體制儀節，獨對羹堯，滿口胡柴，毫無人君之度。其始寵羹堯，固貌為戲謔以示暱，其後逼羹堯以必死，仍以佻達出之。推原其故，正由在雍邸時託以心腹，共其祕計，納其妹以重私親之誼，其時即指天誓日，生死不相背負，形跡不相隔閡，禮法不相繩檢，年深月久，習為故常。即位以後，在世宗一時未能變顏，羹堯粗材，竟昧古來可共患難難共安樂之成例，即無他殺以滅口之故，語言文字之隙，已足以殺身而有餘。當康熙時，繳還硃批之規律，並不嚴切，雍正間乃視為重事。後議羹堯九十二款重罪中，其大逆之罪五，中一款即云：「奏繳硃批諭旨，故匿原折，詐稱毀破，仿寫進呈。」以此為大逆，蓋自知筆跡之不可以流出人間，而羹堯偏有留以為質之想。突然反顏，用羹堯表中「夕惕朝乾」一語，為故意顛倒其詞，嚴旨苦詰，遂盡發平生所積忌，羅織成九十二款罪惡為定讞。羹堯〈臨死哀求折〉云：「臣今日一萬分知道自己的罪了。若是主子天恩，憐臣悔罪，求主子饒了臣，臣年紀不老，留下這犬馬，慢慢的給主子效力。」其稱「主子」，乃是藩邸習慣。其言年紀不老，留作犬馬自效，尚以青海軍功，冀動世宗之念。世宗視此蔑如，所念羹堯之功，唯有箝制允禵一事，而又彼此不能承認。若青海軍務，當時滿族方盛，旗兵可用，能了者極多，世俗傳年大將軍軼事，正緣世宗以他故假以殊寵，震動百年來庸愚耳目，何嘗必欲倚此邊材乎？當假寵時，所獎借之語，皆非人臣所能受。再略舉一二為例：雍正二年三月十八日，羹堯有〈奏謝自鳴表折〉，硃批除旁批外，折後又批云：「覽卿奏謝知道了。從來君臣之遇合，私意相得者有之，但未必得如我二人之人耳。爾之慶幸，固不必言矣，朕之欣喜，亦莫可比倫。總我之二人做個千古君臣知遇榜樣，令天下後世欽慕流涎就是矣。朕實實心暢神怡感天地神明賜佑之至。」此時以君臣知遇為言，或尚望羹堯自憶其為臣，非藩邸主子奴才故態，自謹形跡，自請變易舊習，或亦有保全之意。又於二年三月二十九日，羹堯有〈奏謝鹿尾折〉，硃批：「朕實無心作不驕不滿之念（原折有頌世宗戰勝不驕，功成不滿語），出於至誠，唯天可表。此一番事，若言朕不福大，豈有此理？上天見憐，朕即福人矣。但就事而言，實皆聖祖之功。自你以下，那一個不是皇父用的人？那一個兵不是數十年教養的兵？前西海勢湧，正當危急之時，朕原存一念，即便事不能善結，朕不肯認此大過，何也？當不起原是聖祖所遺之事。今如此出於望外，好就將此奇勳自己認起來，實實面愧心慚之至。朕身即是聖祖之身，然到底是父子君臣，良心上過不去。所以各陵告祭皆如例纂文，另擬祭文，以告景陵，將文稿發來你看畢，即知朕之真心也。爾等此一番效力，是成全朕君父未了之事之功，據理而言，皆朕之功臣，據情而言，自你以下以至兵將，凡實心用命效力者，皆朕之恩人也。言雖粗鄙失理，爾等不敢聽受，但朕實實居如此心，作如此想。朕之私慶者，真正造化大福人則可矣。唯有以手加額，將此心對越上帝，以祈始終成全，自己亦時時儆惕，不移此志耳。」此批亦不過辭氣輕佻，恩人等名辭，故為失體，其實正告以國家平此小醜，自是滿族積威，非將帥所能自任也。無奈羹堯終不悟，亦自恃別有祕密存焉，此則世宗所深忌而必欲殺之之故矣。世宗承統一案，年羹堯、隆科多之關係既明，世宗與年隆之決裂，自在國史及故宮已刊各檔，無庸悉數。唯此事真相，希世宗之指而推鞫成讞者，實為廣西巡撫金鉷。有此成讞，而後有《大義覺迷錄》之頒行，天下乃窺見其祕。在世宗自謂得此宣傳可以移奪人意，及高宗則深恨宣傳之功，適得其反，一嗣位即不恤世宗有子孫永不許翻案之諭，首誅曾靜、張熙，毀禁《大義覺迷錄》。又怒金鉷之多事，不若王國棟輩之模稜，反可掩此家醜，於是故挑金鉷過失，又出情理之外。此亦嗣統一案反覆之餘波，《清史稿》於〈金鉷傳〉不得其情，今用舊傳揭之，併為補其始末於左：

《卜諭內閣》：七年九月初二日，諭王國棟不勝湖南巡撫之任，著來京另有諭旨。其下縷言從前發遣廣西人犯在外捏造流言，已據廣西巡撫逐一密查，確有證據，乃王國棟於各犯經過之湖南地方，並未查出一人一語，明系苟且塞責。又言陳帝西等傳播流言，本人皆已承認，而流言來自何人之處，王國棟等人竟不能究訊根由，屢經降旨，仍復含糊朦混，縱奸曠職，莫此為甚等語。《東華錄》止載其另發之著來京一諭，削去此諭。夫流言則不必有實，何必定有來處？世宗唯知其非流言，故知有可究之根由。廣西巡撫即金鉷，所究得之根由，正世宗心底所認定之根由，故毫無疑義，判定湘桂兩撫之功過。又十月初七日諭，亦《東華錄》所不載，九年以前之諭旨，乃編於雍正年間，未經修實錄時之洗刷，故間有應刪未刪之文存在。其文云：「發遣廣西之犯，沿途怨望，造作逆語，且需索驛站，狂肆無忌。今直隸、河南、廣西三省一一查出，王國棟等乃以湖南各州縣解役兵丁，未聞一語復奏。豈該犯等於直隸、河南、廣西，則肆其怨誹，而於湖南地方，獨肯奉法安靜，默無一言乎？況曾靜僻處山野之中，尚備聞謗訕之語，豈有看守解送之兵役，與各犯最為親密，轉無一聞見之理？此皆王國棟等矇混草率，全不以此為意也」云云，下略。世宗以曾靜手製逆書，而決不疑為杜撰流言，且斥王國棟之耳目不如曾靜，是意中已確知語有徵實，非曾靜所能造，其造言之人，亦已簡在帝心，唯待地方官一鞫實而供作《大義覺迷錄》之數據耳。金鉷承帝指究出主名，在當時亦非無線索可據，不待捕風捉影而得。至世宗誤會宣傳之效力，後必有悔，甘心落後之王國棟，或已見及，鉷銳於進取，顧進而失遠耳。然鉷固能吏，又為廉吏，高宗心憾之，一時齮齕之態，無理可喻，幾乎啼笑皆非。既奪其官，復力索其在官之弊，而竟不可得，反得其清貧之據。高宗天資英敏，原非胸無黑白，故能免其罪而棄其人，免其罪以存公道，棄其人則以洩私忿也。考世宗於雍正十三年八月二十三日己丑崩，高宗於柩前即位，至十月初八日癸酉，即將阿其那、塞思黑子孫屏除宗牒一事，謂緣諸王、大臣再三固請，非皇考本意，著廷臣議奏。同日翻曾靜案諭云：「曾靜大逆不道，雖置之極典，不足蔽其辜，乃我皇考，聖度如天，曲加宥寬。夫曾靜之罪，不減於呂留良，而我皇考，於呂留良則明正典刑，於曾靜則屏棄法外，亦以呂留良謗議及於皇祖，而曾靜止及於聖躬也。今朕紹承大統，當遵皇考辦理呂留良案之例，明正曾靜之罪，誅叛逆之渠魁，洩臣民之公憤。著湖廣督撫，將曾靜、張熙即行鎖拿，遴選幹員解京候審，毋得疏縱洩漏。其嫡屬交地方官嚴行看守候旨。」十九日甲申，諭「《大義覺迷錄》著照徐本所請，停其講解。其頒發原書，著該督撫匯送禮部，候朕再降諭旨」。十二月十九日甲申，曾靜、張熙伏法，乃結《大義覺迷錄》一案。此書遂更成禁毀之物，今所見者又成較罕見之祕籍矣。其間屢赦宥康熙諸皇子之在者，或其子孫，頗為世宗補過。而是時四川巡撫王士俊，微陳不宜將世宗時事翻案，語又為高宗所不受，至論士俊斬候，久而僅得釋。而於報憾於金鉷者，則尤可味。今錄鉷舊傳如下：

「金鉷鑲白旗漢軍人，由監生授江西廣昌縣知縣。雍正元年，洊升太原府知府。

五年，擢廣西按察使，尋遷布政使。六年，授廣西巡撫。奏言思明州地方狹小，毋庸專設流官，思明知府又系土司，從無統轄流官之例，請將該州仍歸太平府管轄。下部議行。又奏召募本地殷實商人，開採桂林府屬各礦，並梧州府所產金砂，請委專員辦理，其採得之銅，亦請發價官買，以供鼓鑄。俱下部議行。七年二月，奏請將南寧、府正雜等官，歸部銓選。其沿邊之南寧慶遠府等屬，知府、同知、通判、知縣、知州二十三缺，及慶遠新設同知一缺，俱請歸調缺題補，五年俸滿即升。至太平府通判，泗城府知府、同知，西隆州知縣，西林縣知縣等五缺，皆地處極邊，水土惡劣，請改為三年即升。推升之後，果於風土熟悉，人地相宜，再留三年，照升銜升用。吏部以歸部銓選及五年即升之處，應如所請。其太平等缺地處極邊，宜加體恤，未便令其久留，應無庸議。諭曰：『該撫身在地方，必有所見。部議不使久留，雖據情理而言，但推升之員既熟悉土地，非初到者可比，或其人情願再留，以圖上進，亦未可定。唯是再留三年之後，果能稱職，或格外加恩，或令該督撫於本省要缺保題優升，以示獎勵。著該部另議具奏。』尋議如所請行。八月請移駐宜山縣縣丞於楞村。從之。九年二月，奏桂林平樂等九府，郁林一縣，開墾雍正七年分田地八百六十頃有奇。報聞。三月，疏言東蘭州新改為流，水土最劣，請將正雜等官揀裁調補，俟俸滿題諮到部之後，即行升用。四月，奏請復設廣西郁林州州判一缺，添設郁林州撫康巡檢，柳州府懷遠縣梅寨巡檢各一員。又奏泗城、鎮安等處，向無應試童生，請令外省及本省別府之人，有情願入籍者，諮查本籍，如無過犯，准其入籍考試，嗣後土屬內改流之州縣，均照此例，應於十科後照例停止。十年七月，請添設馬平縣屬三都訊，穿山鎮巡檢各一員。八月，請改右江道原轄之鎮安府歸左江道管轄，南寧府原轄之胡潤寨及下雷士州歸鎮安府管轄。俱得旨允行。十一年六月，疏報郁林縣所屬之富民鄉藤厘坡，忽湧瑞泉二穴，味甘色清，足灌田三千餘畝，諭曰：『朕從來不言祥瑞，今蒙上天福佑邊氓，顯賜大澤，朕心不勝感慶。著該撫選擇善地，建立祠宇，奉祀泉源之神，以答靈貺。』八月，奏鎮安府東蘭縣等處，業經改土歸流，請添設學官，酌定取進學額。又奏思城州士知州趙康祚，緣事革職，無人承襲，請改隸崇善縣管轄，添設縣丞一員，分駐彈壓，徵解錢糧。九月，又奏言添設泗城府照磨一員，桂林府永福縣丞一員。十二年九月，請裁武宜縣永安巡檢一缺。均從之。乾隆元年四月，廣西提督霍升奏，巡撫金鉷言躁而失實，志大而氣浮，失封疆大臣之體。得旨『金鉷原屬不妥，不因汝奏後始知也』。五月，上諭總理事務王大臣曰：『朕奉皇考諭旨，辦理苗疆事務時，見廣西巡撫金鉷陳奏事件甚多，朕即位之初，伊於一兩月間，亦連奏事四件，今半年以來，未見伊陳奏一事，巡撫管轄通省，事務繁多，豈半年之久，地方民生竟無一可陳奏之處耶？抑私心揣度，以朕欲尚簡靜而為迎合之舉耶？看來金鉷竟未能深知朕心，此次申飭之後，料伊必又將不應陳奏之事，喋喋敷陳矣。若此存心，何以膺封疆之重寄？可傳旨曉之。』尋請密舉賢良，以備擢用。諭曰：『以人事君，固為臣之要節，但汝所奏薦，朕介在疑似之間耳。』六月，密奏奉旨逮問之原任湖廣提督董芳，謀勇忠直，可備國家緩急之用。諭曰：『國家以賞罰馭群臣，豈汝淺劣小才，所能窺其萬一哉！』八月，命來京陛見，以刑部左侍郎楊超曾署理廣西巡撫。鉷又奏革桂林廠雜稅九條，北流縣臨江廠雜稅九條。部議從之。二年正月，實授楊超曾為廣西巡撫，以鉷為刑部左侍郎。尋楊超曾奏參金鉷於廣西巡撫任內，用印票向蒼梧道黃嶽牧私借銅務充公銀一千二百兩，請旨革職交刑部審訊。四月，刑部請將金鉷照例枷責。得旨：『前因楊超曾奏參金鉷借用存公銀兩一折，內稱「金鉷任內各項錢糧收支不清者甚多，容臣陸續查明奏參」等語，朕意其必有貪劣實跡，是以交部嚴察議奏。後楊超曾查參到來，系瑣屑無關重輕之事，則金鉷尚無劣跡可知。今覽刑部所審此案，原非正項錢糧，且金鉷用印文支借，而黃嶽牧用印冊申報，亦非暗相侵蝕可比。部議金鉷枷責之處，著寬免，所借銀兩亦不必著追。』五年七月，特旨授河南布政使，尋吏部查奏金鉷已於本年四月卒。報聞。」

鉷為袁枚鴻博舉主，枚撰鉷墓碑，於鉷事亦含蓄可味。更錄如下：

「乾隆元年春，枚起居叔父於廣西巡撫金公幕下，見公。公奇枚狀貌，命為詩，大異之。當是時，天子詔舉博學鴻詞之士，四方舉者每疏累數人，多老師宿儒，公獨專為一奏，稱某年二十一歲，賢才通明，羽儀景運，應此選克稱，語多溢美，天下駭然，想見其人。廣西自高爵以下，至於流外，驚來問訊。亡何，枚報罷，公亦以事去官。後二年，枚乞假歸娶，拜公於安肅。會日暮，天大雪，公聞其至也，喜曳杖走出，及門迎且笑曰：『果然翰林耶？』枚再拜，公答拜。命入見夫人。五年，枚再入都，公之兩子來曰：『珽玉、振玉等不孝，不能延先君之年，今先君薨，葬有日矣。唯貞石之未書，翰林其銘先君哉？』枚乃泣而言曰：『公仕宦垂三十年，盛業若干，枚與兩郎君俱年少，知之難，文之尤難。雖然，就所聞以光幽宮。翰林事也，亦門生志也，不敢任，亦不敢辭。』謹按公諱鉷，字震方，一字德山。祖友勝，本姓金，襲明金帶指揮，世居山東登縣。流賊破城，友勝死之，存三歲兒，名延祚。太夫人余氏將死，屬諸側室趙氏曰：『守節，經也；存孤，權也；我行經，汝行權。』趙氏泣而頷之。挈兒至遼陽，轉適郭氏。既長，從本朝入燕，歷任工部侍郎。生公，及公貴，始複姓。公通《易》理，善兵法，為粵西布政使。奏州縣向例雖有『繁』、『簡』兩調，而於所治處分析未備，則人地難相宜，請分『衝』、『繁』、『疲』、『難』四條，許督撫量才奏請。上嘉納焉。今直省所行自公始。西隆州八達寨苗反，公討平之。奏免泗城六年舊稅。以汛兵少，粵土蕪不治，乃行屯田法，設都司官駐柳州，與民牛，招之耕，教之技勇，每名給水田十畝，公田一，旱田三十畝，公田二，存公田租於社蒼。行之期年，粵萊田萬餘，於是天下人皆曰：『公以一廣昌知縣，蒞任五年，蒙世宗皇帝擢太原知府，才三年，遷廣西按察使，才一月，遷布政使，才三月，遷巡撫。今入粵者望氣蔥蔥然，政行民和，大異疇昔，然則世宗非用人之驟也，其知人之深也。』公之自太原入覲也，方廷議耗羨歸公，公奏不可。世宗不悅曰：『朕已定養廉矣，汝在官私官兵？』公叩頭曰：『臣非為官遊說也。從來財在上不如財在下，州縣為親民之官，寧使留其有餘。養廉者，養其家使知廉恥也。家有大小，所定數詎能胥足？一遇公事，動致侜張。皇上之意，豈不曰凡是官辦，皆許開除正供。但從司院按核以至戶部，層層隔閡，報銷甚難，從此州縣恐多苟且之政。皇上意在必行，臣請養廉外多增公費，或存縣，或存司，仿北宋留州之法，庶於事有擠。』會左都御史沈近思持論與公合，世宗乃敕山西巡撫核公費章程。巡撫希上意，定數較他省為優。公撫廣西九年，今上登極，召補刑部侍郎。治行時，印券借司庫千金，後任巡撫楊超曾劾之，罷職雜治。居月餘，楊捃摭不已。上怒曰：『朕以金鉷撫粵久，恐有他故，故置之獄。今楊超曾數來奏，皆極細事，是金鉷平日無可奏也。免鐵罪。以所借銀賜之。』即日寧公於家。五年春薨。薨後，天子念公賢，授河南布政使。吏部以為公存也，文書下其家，叩門不應。鄰一叟出曰：『公亡三月矣。』乃奏明收詔。嗚呼！罪之雪也，雪之者必有人，而公以加擠而得脫，黜而起也，起之者必有人，而公以身死而得官。然則公之孤直，與天子之明聖，可以見矣。性仁儉而靜，置古鐘一枚，擊之以招僮，侍者聞鐘聲始往。遣人至大同買妾，詢為宦家女，厚其資歸之。嘗謂雲貴總督鄂公爾泰曰：『改土歸流，非計也，異日當思我言。』公享年六十有三。先娶繳氏，再娶陳氏，俱誥封夫人。」

高宗謂鉷雍正間奏事多，含有厭其多事之意。即位後兩月內得鉷四奏，時《覺迷錄》案未翻也。旋知失新天子指，悸不敢言，高宗仍指摘不少貸，一時鉷左右皆無所可。名為內召，而使繼任者搜尋其過，既諒其介，仍以他事奪官。此曾靜案之結局，實不在種族，而在發世宗嗣位之隱。高宗之憾金鉷，乃憾《覺迷錄》之由鉷能舉其官而促成，舊傳按其時日尚可推見。《清史稿》敘事多采袁枚《神道碑》，而少其功罪吞吐語氣，但云：「乾隆元年，提督霍升劾鉷，言躁氣浮，失封疆大臣之體，高宗召入京，授刑部侍郎。鉷瀕行，裝不治，以印券屬蒼悟道黃嶽牧，借銅務充公銀千二百，巡撫楊超曾論劾奪官，交刑部嚴訊。上以非正項錢糧，鉷以印券支借，嶽牧以印冊申解，非侵蝕比，命免罪，毋追所借銀。五年，授河南布政使，而鉷已卒」云云。則失鉷與時事相涉之情矣。作史之人，安能每事洞其表裡，此無足責，唯《清史》數據，存者尚多，考訂補苴，治史者之事矣。

世宗紹統事相關之謗議，有一供狀式之諭旨，諸書皆已削，唯《大義覺迷錄》獨存，錄以終此篇。中有數行，已摘錄於上，為全文順讀計，亦仍存之。不見他錄，故不詳其月日。文云：

「朕荷上天眷佑，受聖祖仁皇帝付託之重，君臨天下，自御極以來，夙夜孜孜，勤求治理，雖不敢比於古之聖君哲後，然愛養百姓之心，無一時不切於寤寐，無一事不竭其周詳。撫育誠求，如保赤子，不惜一身以安天下之民，不惜殫一心以慰黎庶之願，務期登之衽席，而無一夫不得其所。宵旰憂勤，不遑寢食，意謂天下之人，庶幾知朕之心，念朕之勞，諒朕之苦，各安生業，共敦實行，人心漸底於善良，風俗胥歸於醇厚，朕雖至勞至苦，而此心可大慰矣。豈意有逆賊曾靜，遣其徒張熙，授書於總督岳鍾琪，勸其謀反，將朕躬肆為誣謗之詞，而於我朝極盡悖逆之語。廷臣見者，皆疾首痛心，有不共戴天之恨。似此影響全無之事，朕夢寐中亦無此幻境，實如犬吠狼嘷，何足與辯。既而思之，逆賊所言，朕若有幾微愧歉於中，則當迴護隱惡，暗中寢息其事。今以全無影響之談，加之於朕，朕之心可以對上天，可以對皇考，可以共白於天下之億萬臣民。而逆賊之勇於肆行誣謗者，必更有大奸大惡之徒，捏造流言，搖眾心而惑眾聽，若不就其所言，明目張膽，宣示播告，則魑魅魍魎，不公然狂肆於光天化日之下乎？如逆書加朕以『謀父』之名。朕幼蒙皇考慈愛教育，四十餘年以來，朕養志承歡，至誠至敬，屢蒙皇考恩諭，諸昆弟中，獨謂朕誠孝，此朕之兄弟及大小臣工所共知者。朕在藩邸時，仰託皇考福庇，安富尊榮，循理守分，不交結一人，不與聞一事，於問安視膳之外，一無沽名妄冀之心，此亦朕之兄弟及大小臣工所共知者。至康熙六十一年十一月冬至之前，朕奉皇考之命，代祀南郊。時皇考聖躬不豫，靜攝於暢春園，朕請侍奉左右，皇考以南郊大典，應於齋所虔誠齋戒，朕遵旨於齋所致齋。至十三日，皇考召朕於齋所。朕未至暢春園之先，皇考命誠親王允祉、淳親王允祐、阿其那、塞思黑、允、公允祹、怡親王允祥、原任理藩院尚書隆科多至御榻前諭曰：『皇四子人品貴重，深肖朕躬，必能克承大統，著繼朕即皇帝位。』是時唯恆親王允祺以冬至命往孝東陵行禮，未在京師，莊新王允祿、果親王允禮、貝勒允禑、貝子允禕俱在寢宮外祗候。及朕馳至問安，皇考告以症候日增之故，朕含淚勸慰。其夜戌時龍馭上賓，朕哀慟號呼，實不欲生。隆科多乃述皇考遺詔，朕聞之驚慟，昏僕於地。誠親王等向朕叩首，勸朕節哀，朕始強起辦理大事。此當時之情形，朕之諸兄弟及宮人內侍，與內廷行走之大小臣工，所共知共見者。夫以朕兄弟之中，如阿其那、塞思黑等，久蓄邪謀，希冀儲位，當茲授受之際，伊等若非親承皇考付朕鴻基之遺詔，安肯帖無一語，俯首臣伏於朕之前乎？而逆賊忽加朕以謀父之名，此朕夢寐中不意有人誣朕及此者也！又如逆書加朕以『逼母』之名。伏唯母后聖性仁厚慈祥，闔宮中若老若幼皆深知者，朕受鞠育深恩四十年來，備盡孝養，深得母后之慈歡，謂朕實能誠心孝奉。而宮中諸母妃，咸美母后有此孝順之子，皆為母后稱慶。此現在宮內人所共知者。及皇考升遐之日，母后哀痛深至，決意從殉，不飲不食。朕稽顙痛哭，奏云：『皇考以大事遺付沖人，今聖母若執意如此，臣更何所瞻依，將何以對天下臣民，亦唯以身相從耳。』再四哀懇，母后始勉進水漿。自是以後，每夜五鼓，必親詣昭仁殿，詳問內監，得知母后安寢，朕始回苫次。朕御極後，凡辦理朝政，每日必行奏聞。母后諭以不欲與聞政事，朕奏云：『臣於政務素未諳練，今之所以奏聞者，若辦理未合，可以仰邀訓誨，若辦理果當，亦可仰慰慈懷，並非干預政事也。』嗣後朕每奏事，母后輒喜，以皇考付託得人，有『不枉生汝，勉之莫怠』之慈旨。母后素有痰疾，又因皇考大事，悲慟不釋於懷，於癸卯五月，舊恙舉發。朕侍奉湯藥，冀望痊癒，不意遂至大漸。朕向來有畏暑之疾，哀痛擗踴，屢次昏暈，數月之內，兩遭大事，五內摧傷，幾不能支。此宮廷所共知者。朕於皇考母后大事，素服齋居，三十三月如一日，除祭祀大典及辦理政事外，所居之地，不過屋宇五楹，不聽音樂，不事遊覽，實盡三年諒陰之禮。此亦內外臣工所共知者。至於朕於現在宮中諸母妃之前，無不盡禮敬養。今諸母妃亦甚感朕之相待。豈有母后生我，而朕孺慕之心，有一刻之稍懈乎？況朕以天下孝養，豈尚缺於甘旨，而於慈親之前，有所吝惜乎？逆賊加朕以逼母之名，此更朕夢寐中不意有人誣朕及此者也！又如逆書加朕以『弒兄』之名。當日大阿哥殘暴横肆暗行鎮壓，冀奪儲位，二阿哥昏亂失德，皇考為宗廟社稷計，將二人禁錮，比時曾有硃筆諭旨，朕若不諱，二人斷不可留。此廣集諸王大臣特降之諭旨，現存宗人府。朕即位時，念手足之情，心實不忍，只因諸弟中如阿其那等，居心叵測，固結黨援，往往藉端生事，煽惑人心。朕意欲將此輩徐徐化導，消除妄念，安靜守法，則將來二阿哥亦可釋其禁錮，厚加祿賜，為朕世外兄弟，此朕素志也。所以數年以來，時時遣人齎予服食之類，皆不令稱御賜，不欲其行君臣之禮也。二阿哥常問云：『此出自皇上所賜乎？我當謝恩領受。』而內侍遵朕旨，總不言其所自。及雍正二年冬間，二阿哥抱病，朕命護守咸安宮之大臣等，於太醫院揀擇良醫數人，聽二阿哥自行選用。二阿哥素知醫理，自與醫家商訂方藥。迨至病勢漸重，朕遣大臣往視，二阿哥感朕深恩，涕泣稱謝云：『我本有罪之人，得終其天年，皆皇上保全恩也。』又謂其子弘晰云：『我受皇上深恩，今生不能仰報，汝當竭心盡力，以繼我未盡之志。』及二阿哥病益危篤，朕令備儀衛，移於五龍亭。伊見黃輿，感激朕恩，以手加額，口誦佛號。以上情事，咸安宮宮人內監百餘人，皆所目睹者。及病故之後，追封親王，一切禮儀有加，且親往哭奠，以展悲慟。其喪葬之費，動支庫帑，悉從豐厚，命大臣等盡心辦理。封其二子以王公之爵，優加賜齎。今逆賊加朕以弒兄之名，此朕夢寐中不意有人誣謗及此者也！又如逆賊加朕以『屠弟』之名。當日阿其那以二阿哥獲罪廢黜，妄希非分，包藏禍心，與塞思黑、允禵、允禩結為死黨，而阿其那之陰險詭譎，實為罪魁。塞思黑之狡詐奸頑，亦與相等。允禵狂悖糊塗，允　卑汙庸惡，皆受其籠絡，遂至膠固而不解。於是結交匪類，蠱惑人心，而行險僥倖之輩，皆樂為之用，私相推戴，竟忘君臣之大義。以致皇考憂憤震怒，聖躬時為不豫。其切責阿其那也，則有父子之情已絕之旨。其他忿激之語，皆為臣子者所不能聽聞。朕以君父年高，憂懷鬱結，百計為伊等調停解釋，以寬慰聖心，其事不可列舉。及皇考升遐之日，朕在哀痛之時，塞思黑突至朕前，箕踞對坐，傲慢無禮，其意大不可測。若非朕鎮定隱忍，必至激成事端。朕即位以後，將伊等罪惡，俱行寬宥，時時教訓，望其改悔前愆。又加特恩，將阿其那封為親王，令其輔政，深加任用。蓋伊等平日原以阿其那為趨向，若阿其那果有感悔之心，則群小自然解散。豈料阿其那逆意堅定，以未遂平日之大願，恚恨益深。且自知從前所為，及獲罪於皇考之處，萬無可赦之理。因而以毒忍之心，肆其桀驁之行，擾亂國政，顛倒紀綱，甚至在大廷廣眾之前，詛咒朕躬，及於宗社。此廷臣所共見，人人無不髮指者。從前朕遣塞思黑往西大同者，原欲離散其黨，不令聚於一處，或可望其改過自新。豈知伊怙惡不悛，悖亂如故。在外寄書允禵，公然有『機會已失，悔之無及』等語。又與伊子巧編格式，別造字樣，傳遞京中信息，縫於騾夫衣襪之內，詭計陰謀，甚於敵國奸細。有奸民令狐士儀投書伊處，皆反叛之語，而伊為之隱藏。其他不法之處甚多，不可勝數。允禵賦性狂愚，與阿其那尤相親密，聽其指使。昔年因阿其那謀奪東宮之案，皇考欲治阿其那之罪，允禵與塞思黑在皇考前袒護強辯，致觸聖怒，欲手刃允禵，比時恆親王允祺搶勸而止。皇考高年，知伊愚逆之性，留京必致妄亂啟釁，後因西陲用兵，特遣前往效力，以疏遠之。伊在軍前，貪婪淫縱，惡跡種種。及朕即位，降旨將伊喚回，伊在朕前，放肆傲慢，犯禮犯分，朕悉皆曲宥，仍令奉祀景陵。竟有奸民蔡懷璽，投書伊之院中，造作大逆之言，稱允禵為皇帝，而稱塞思黑之母為太后。允禵見書，將大逆之語，剪裁藏匿，向該管總兵云：『此非大事，可酌量完結。』即此則其悖亂之心，何嘗改悔耶？允　無知無恥，昏庸貪劣，因其依附邪黨，不便留在京師，故令送澤卜尊丹巴胡土克圖出口。伊至張家口外，託病不行，而私自禳禱，連書雍正新君於告文，怨望慢褻，經諸王大臣等以大不敬題參，朕俱曲加寬宥。但思若聽其閒散在外，必不安靜奉法，是以將伊禁錮，以保全之。伊在禁錮之所，竟敢為鎮魘之事，經伊跟隨太監舉出，及加審訊，鑿鑿可據。允禩亦俯首自認，不能更辯一詞。從前諸王、大臣，臚列阿其那大罪四十款，塞思黑大罪二十八款，允禵大罪十四款，又特參允禩鎮魘之罪，懇請將伊等立正典刑，以彰國憲。朕再四躊躇，心實不忍，暫將阿其那拘禁，降旨詢問外省封疆大臣，待其回奏，然後定奪。仍令太監數人，供其使令，一切飲食所需，聽其索取。不意此際阿其那遂伏冥誅，塞思黑從西寧移至保定，交與直隸總督李紱看守，亦伏冥誅。夫以皇考至聖至慈之君父，而切齒痛心於阿其那、塞思黑等，則伊等不忠不孝之罪，尚安有得逃於天譴者乎！朕在藩邸，光明正大，公直無私，諸兄弟之才識，實不及朕。其待朕悉恭敬盡禮，並無一語之爭競，亦無一事之猜嫌，滿洲臣工及諸王門下之人，莫不知者。今登大位，實無纖毫芥蒂於胸中，而為報怨洩憤之舉。但朕纘承列祖皇考基業，負荷甚重，其有關於宗廟社稷之大計，而為人心世道之深憂者。朕若稍避一己之嫌疑，存小不忍之見，則是朕之獲罪於列祖皇考者大矣。古人大義滅親，周公所以誅管蔡也。假使二人不死，將來未必不明正典刑，但二人之死，實系冥誅，眾所共知共見，朕尚未加以誅戮也。至於朕秉公執法，鋤惡除奸，原不以誅戮二人為諱。若朕心以此為諱，則數年之中，或暗賜鴆毒，或遣人傷害，隨時隨地，皆可損其性命，何必諮詢內外諸臣，眾意僉同，而朕心仍復遲迴不決，俾伊等得保首領以歿乎？至允禩、允禵將來作何歸結，則視乎本人之自取，朕亦不能預定，而目前則二人現在也。朕之兄弟多人，當阿其那等結黨之時，於秉性聰明稍有膽識者，則百計籠絡，使之入其匪黨，而於愚懦無能者，則恐嚇引誘，使之依附聲勢，是以諸兄弟多迷而不悟，墮其術中。獨朕即位以後，而懷藏異志者尚不乏人，朕皆置而不問。朕之素志，本欲化導諸頑，同歸於善，俾朝廷之上，共守君臣之義。而宮廷之內，得聯兄弟之情，則朕全無缺陷，豈非至願。無如伊等惡貫滿盈，獲罪於上天皇考，以致自速冥誅，不能遂朕之初念，此朕之大不幸，天下臣庶當共諒朕為國為民之苦心。今逆賊乃加朕以屠弟之名，只此一事，天下後世自有公論，朕不辯亦不受也。至逆書謂朕為貪財。朕承皇考六十餘年太平基業，富有四海，府庫充盈，是以屢年來大沛恩澤，使薄海黎庶，莫不均霑。如各省舊欠錢糧，則蠲免幾及千萬兩，江南、江西、浙江之浮糧，則每年減免額賦六十餘萬兩。地方旱澇偶聞，即速降諭旨，動帑遣官，多方賑恤，及災傷勘報之後，或按分數蠲除，或格外全行豁免。今年又降諭旨，將被災蠲免分數，加至六分七分。至於南北黃運河工堤工，興修水利，開種稻田，以及各省建造工程，修辦軍需，恩賜賞賚，所費數百萬兩，皆令動支帑項，絲毫不使擾民。夫以額徵賦稅，內庫帑金減免支給，如此之多，毫無吝惜，而謂朕為貪財，有是理乎？只因從前貪官汙吏，蠹國殃民，即置重典，亦不足以蔽其辜。但不教而殺，朕心有所不忍，故曲宥其死，已屬浩蕩之恩。若又聽其以貪婪橫取之資財，肥身家以長子孫，則國法何存，人心何以示儆？況犯法之人，原有籍沒家產之例，是以將奇貪極酷之員，照例抄沒，以彰憲典，而懲貪汙，並使後來居官者，知贓私之物，不能入己，無益有害，不敢復蹈故轍，勉為廉吏，此朕又安百姓，整飭吏治之心。今乃被貪財之謗，豈朕不吝惜於數千百萬之帑金而轉貪此些微之贓物乎？至於屬員虧空錢糧，有責令上司分賠者，蓋以上司之於屬吏，有通同侵蝕之弊，有瞻徇容隱之風。若不重其責成，則上司不肯盡察吏之道，而侵盜之惡習無由而止。是以設此懲創之法，以儆惕之，俟將來上官皆能察吏，下寮群知奉公，朕自有措施之道。若因此而謗為貪財，此井蛙之見，烏知政治之大乎？至逆書謂朕好殺。朕性本最慈，不但不肯妄罰一人，即步履之間，草木螻蟻，亦不肯踐踏傷損。即位以來，時刻以祥刑為念。各省爰書及法司成讞，朕往復披覽，至再至三。每遇重犯，若得一線可生之路，則心為愉快，稍有可疑之處，必與大臣等推詳講論，期於平允。六年以來，秋審四經停決，而廷議停決之中，朕復降旨察其情罪稍輕者，令行矜釋。其正法及勾決之犯，皆大逆大惡之人，萬萬法無可貸者。夫天地之道，春生秋殺，堯舜之政，弼教明刑，朕治天下，原不肯以婦人之仁，弛三尺之法。但罪疑唯輕，朕心慎之又慎，唯恐一時疏忽，致有纖毫屈枉之情，不但重闢為然，即笞杖之刑，亦不肯加於無罪者。每日戒飭法司，及各省官吏等，以欽恤平允為先務。今逆賊謂朕好殺，何其與朕之存心行政，相悖之甚乎？又逆書謂朕為酗酒。夫酒醴之設，聖賢不廢，古稱堯千鍾，舜百榼。《論語》稱孔子唯酒無量，是飲酒原無損於聖德，不必諱言。但朕之不飲，出自天性，並非強致而然。前年提督路振揚來京陛見，一日忽奏云：『臣在京許久，每日進見，仰瞻天顏，全不似飲酒者，何以臣在外任，在傳聞皇上飲酒之說？』朕因路振揚之奏，始知外間有此浮言，為之一笑。今逆賊酗酒之謗，即此類也。又逆書謂朕為淫色。朕在藩邸，即清心寡慾，自幼性情不好色慾。即位以後，宮人甚少。朕常自謂天下人不好色，未有如朕者，遠色二字，朕實可以自信，而諸王大臣近侍等亦共知之。今乃謗為好色，不知所好者何色？所寵者何人？在逆賊既造流言，豈無耳目，而乃信口譏評耶！又逆書謂朕為懷疑誅忠。朕之待人，無一事不開誠布公，無一處不推心置腹，胸中有所欲言，必盡吐而後快，從無逆詐億不信之事。其待大臣也，實視為心膂股肱，聯繫一體，日日以至誠訓誨臣工，今諸臣亦咸喻朕心，有感孚之意。至於年羹堯、鄂倫岱、阿爾松阿，則朕之所誅戮者也。年羹堯受皇考及朕深恩，忍於背負，胸懷不軌，幾欲叛逆，其貪酷狂肆之罪，經大臣等參奏九十二條，揆以國法，應置極刑。而朕猶念其西藏青海之功從寬令其自盡，其父兄俱未處分，其子之發遣遠方者，今已開恩赦回矣。鄂倫岱、阿靈阿實奸黨之渠魁，伊等之意，竟將東宮廢立之權，儼若可以操之於己。當阿其那惡跡敗露之時，皇考審詢伊之太監，比將鄂倫岱、阿靈阿同惡共濟之處，一一供出。荷蒙皇考寬宥之恩，不加誅滅，而伊等並不感戴悔過，毫無畏懼，愈加親密。鄂倫岱仍敢強橫踞傲，故意觸犯皇考之怒。當聖躬高年頤養之時，為此忿懥恚恨，臣工莫不切齒。阿靈阿罪大惡極，早伏冥誅，伊子阿爾松阿仿效伊父之行，更為狡獪。朕猶念其為勳戚之後，冀其洗心滌慮，以蓋前愆，特加任用，並令管理刑部事務。而伊逆心未改，故智復萌，顛倒是非，紊亂法律。一日審理刑名，將兩造之人，用三木各夾一足，聞者皆為駭異。又與鄂倫岱同在乾清門，將朕所降諭旨，擲之於地，其他狂悖妄亂之處，不可殫述。朕猶不忍加誅，特命發往奉天居住，使之解散其黨羽，尚可曲為保全。豈料二人到彼，全無悔悟之念，但懷怨望之心，而在京之邪黨，仍然固結，牢不可破。朕再四思維，此等巨惡，在天理國典，斷不可赦，於是始將二人正法。至於蘇努，則老奸大蠹，罪惡滔天，實逆黨之首惡。隆科多則罔上欺君，款跡昭著，二人皆伏冥誅，未膺顯戮。逆書之所謂懷疑誅忠者，朕細思朕於年羹堯、鄂倫岱、阿爾松阿三人之外，並未誅戮忠良之大臣。想逆賊即以年羹堯、鄂倫岱、阿爾松阿、蘇努、隆科多等為忠良乎？天下自有公論也。又逆書謂朕為好諛任佞。朕在藩邸四十餘年，於人情物理，熟悉周知，讒諂面諛之習，早已洞察其情偽，而厭薄其卑汙，不若衝幼之主，未經閱歷者也。是以即位以來，一切稱功頌德之文，屏棄不用。不過臣工表文，官員履歷，沿習舊日體式，作頌聖之句，湊合成章，朕一覽即過，不復留意。日日訓諭大小臣工，直言朕躬之闕失，詳陳政事之乖差，以忠讜為先，以迎合為戒，是以內外諸臣，皆不敢以浮誇頌禱之詞，見諸言奏，恐為朕心之所輕。今逆賊之所謂好諛任佞者，能舉一人一事以實之否耶？以上諸條，實全無影響，夢想不及之事。而逆賊滅絕彝良，肆行詆毀者，必有與國家為深仇積恨之人，捏造此言，惑亂眾聽。如阿其那、塞思黑等之奸黨，被朕懲創拘禁，不能肆志，懷恨於心。或貪官汙吏，匪類棍徒，怨朕執法無私，故造作大逆之詞，洩其私憤。且阿其那、塞思黑當日之結黨肆惡，謀奪儲位也。於皇考則時懷忤逆背叛之心，於二阿哥則極盡搖亂傾陷之術，因而嫉妒同氣，排擠賢良，入其黨者則引為腹心，遠其黨者則視為仇敵。又如阿其那自盜廉潔之名，而令塞思黑、允䄉、允禵貪贓犯法，橫取不義之財，以供其市恩沽譽之用。且允禵出兵在外，盜取軍需銀數十萬兩，屢次遣人私送與阿其那，聽其揮霍，前允禵之子供出，阿其那亦自認不諱者。又如阿其那殘忍性成，逐日沉醉，當朕切加訓誡之時，尚不知改。伊之護軍九十六，以直言觸怒，立斃杖下。長史胡什吞，亦以直言得罪，痛加箠楚，推入冰中，幾至殞命。允禵亦素性嗜酒，時與阿其那沉湎輕生。允禵又復漁色宣淫，不知檢束，以領兵之重任，尚取青海台吉之女及蒙古女子多人，恣其淫蕩，軍前之人誰不知之。今逆書之譭謗，皆朕時常訓誨伊等之事，伊等既負疚於心，而又銜怨於朕，故即指此以為訕謗之端，此鬼蜮之伎倆也。且伊等之奴隸太監，平日相助為虐者，多發遣黔粵煙瘴地方，故於經過之處，布散流言，而逆賊曾靜等，又素懷不臣之心，一經傳聞，遂藉以為蠱惑人心之具耳。向因儲位未定，奸宄共生覬覦之情，是以皇考升遐之後，遠方之人，皆以為將生亂階，暗行窺伺。及朕纘承大統，繼志述事，數年以來，幸無失政，天人協應，上下交孚，而凶惡不軌之徒，不能乘間伺釁。有所舉動，逆志迫切，自知無得逞之期，遂鋌而走險甘蹈赤族之罪，欲拚命為疑人耳目之舉耳。殊不知實於朕無損也。」

以下乃辨曾靜所傳呂留良種族之見，從略。「謀父」、「逼母」、「弒兄」、「屠弟」，為世宗倫紀中四大罪款，得世宗自為辨訴而款目始定。後來於弒兄、屠弟二款，尚有人言之，屠弟一款，尤為世宗所自稱不辯亦不受者。夫不辯是否即受，論者可自得之。至謀父、逼母二款，知者較罕，不有《大義覺迷錄》，烏能成此獄詞？其中事實，合七年十月戊申一諭，如今律師撰狀，分理由事實等項云爾。

此稿脫後，胡君適之閱之，見示云：「《覺迷錄》長諭中，明說聖祖死之日，果親王允禮也在寢宮外祇候。而雍正八年五月初九日諭八旗，又引隆科多之言，說是日允禮在京城內值班，至隆科多從暢春園趕回京，始知大事出。據此看來，康熙死時，究竟諸皇子是否在側，甚屬疑問。此點亦賴鉤稽各諭，始能看出。」適之點清此句，極醒目。余又謂隆之先馳回於大行移殯之前，正挾其提督京營之武力，效滕公之為代邸清宮，可謂一手擁立，夜半宮中出片紙，正此時事耳。

電子書購買　　爽讀 APP

國家圖書館出版品預行編目資料

孟森之清初三大疑案考實：從史料中還原歷史背後隱藏的真相 / 孟森 著 . -- 第一版 . -- 臺北市 : 複刻文化事業有限公司 , 2024.09
面； 公分
POD 版
ISBN 978-626-7514-80-1( 平裝 )
1.CST: 清史 2.CST: 史料 3.CST: 研究考訂
627　　113013415

# 孟森之清初三大疑案考實：從史料中還原歷史背後隱藏的真相

臉書

作　　者：孟森
發 行 人：黃振庭
出 版 者：複刻文化事業有限公司
發 行 者：複刻文化事業有限公司
E-mail：sonbookservice@gmail.com
粉 絲 頁：https://www.facebook.com/sonbookss/
網　　址：https://sonbook.net/
地　　址：台北市中正區重慶南路一段 61 號 8 樓
8F., No.61, Sec. 1, Chongqing S. Rd., Zhongzheng Dist., Taipei City 100, Taiwan
電　　話：(02) 2370-3310　　傳　　真：(02) 2388-1990
印　　刷：京峯數位服務有限公司
律師顧問：廣華律師事務所 張珮琦律師
定　　價：299 元
發行日期：2024 年 09 月第一版
◎本書以 POD 印製
Design Assets from Freepik.com